두들링 기도

확대개정판

PRAYING IN COLOR

두들링 기도 색깔로 기도하기

시빌 맥베스 지음
로렌 위너 서문
임혜진 옮김

낙서하고

색칠하고

기도하다

비아
토르
viator

일러두기

• '두들링 기도'는 낙서하고 그림을 그리고 색칠하며 드리는 기도 방식을 일컫습니다. 저자의 표현에 따라 두들링 기도, 색칠 기도, 기도 그림, 기도 두들링 등으로 옮겼습니다.

• 본문에 인용한 성경 구절은 대한성서공회에서 펴낸 새번역판을 따랐습니다. 다른 번역본을 인용한 경우에는 따로 표기하였습니다.

• 이 책은 《그리는 기도》라는 이름으로 국내에서 번역된 적이 있습니다. 새 한국어판은 확대 개정판으로 나온 원서를 새롭게 번역한 것이며, 로렌 위너의 '서문'이 추가되었습니다.

내게 처음 색마카를 건네주며
불완전한 그림이라도 괜찮다고 격려해 준
신디 오버마이어에게

그리고
나를 감사와 기쁨으로 채워 주는
클라라와 드루에게

차례

기도의 딜레마

당신이 이 책을 읽게 된 이유가 몇 가지 있을 것이다. 아래에 적은 여러 딜레마 중 당신이 기도하면서 겪는 어려움을 설명하는 내용이 있다면, 당신과 나 둘 다 불안정한 기반 위에 서 있는 셈이다.

- 기도할 사람들의 명단은 있는데, 어떻게 기도해야 할지 모르겠다.

- "하나님 아버지" 혹은 "안녕하세요, 하나님"이라고 한 다음, 더 이상 나아가지 못한다.

- 기도는 하나님께 보내는 러브레터보다 산타에게 보내는 선물 목록에 가깝다.

- 적절한 말을 찾느라 더듬거려 보지만 헛수고일 뿐이다.

- 기도할 때면 무력감과 부족함과 함께 바보 같은 기분이 든다.

- 마음속과 머릿속에 있는 것들을 하나님께 모두 쏟아 낸 다음 이내 후회한다.

- 위안과 인도하심을 기대하며 기도서나 성경을 펼쳐 보지만 당장 내게 필요한 것을 말해 주는 구절은 나오지 않는다.

- 기도할 때 내가 하는 말이 피상적이고 거짓된 것 같다.

- 누군가 내 기도를 듣고 있는 건지도 잘 모르겠다.

- 즉각적이고 확실한 결과가 없으면 의아하다.

내 기도는 너무 보잘것없고 지나치게 자기중심적인 데다가 위선적인 것 같다. 그도 아니면…그냥 뭔가 부족하다.

걸음마 시절부터 해 온 낡은 기도 언어를 반복하는 데 질렸다.

나는 하나님의 뜻이 이루어지기를 구한 다음, 내가 그 결과를 감당할 수 있기를 빌곤 한다.

중보 기도를 하겠다고 약속했는데, 대상이 누구였는지 기도 제목이 뭐였는지 잊어버린다.

기도 시간이 어서 끝나기만을 바란다.

기도를 시작하자마자 납부할 고지서 생각을 하고 있다.

중보 기도는 마치 '해야 할 일' 목록을 해치우는 일처럼 느껴진다.

기도할 때면 내 영혼과 몸은 고요하고 잠잠한 상태에 이르고 이내 잠에 빠져든다.

기도라는 행위를 좋아하고 싶지만, 사실 그것은 기쁨보다는 의무와 고역에 가까운 일일 때가 많다.

유치원생 시절에 생각한 하나님 이미지는 더 이상 실재가 아니다. 이젠 누구에게 기도하고 있는 건지 의구심이 든다.

내가 아는 사람들 모두가 나보다는 확실히 더 훌륭하고 탁월한 기도자들이다.

서문

《두들링 기도》가 내 경건 생활을 비실재로부터 구출해 주었다고 해도 과언은 아니다. 나는 몇 년 동안 거의 기도를 하지 못했다. 교회에는 나갔다. 그러나 집에서도 기도하고, 아침에도 기도하리라고 다짐했던 모든 고귀한 포부, '렉티오 디비나', 이그나티우스의 성찰, 향심 기도처럼 이름도 아름다운 영성 훈련을 하겠다던 시도는 모두 증발해 버렸다. 바꿔 말하면, 말라 버렸다. 아니 떠났다.

　고백하건대, 하나님 그분마저 떠나신 것 같았다. 기도를 별로 하지 않는다, 그러면 하나님을 느끼는 감각이 시들해진다. 하나님을 느끼는 감각이 시들해진다, 그러면 기도를 하지 않게 된다. 그 인과 관계에 대해서는 잘 모르겠다. 어쩌면 둘 다 맞는 것 같다.

　이 모든 시듦과 증발의 한가운데에서, 나는 한 수련회에 참가했다. 거기서 시빌 맥베스의 두들링^{doodling}('낙서'라는 의미로, 끄적끄적 손이 가는 대로 그리는 미술 기법—옮긴이)과 기도에 관한 짧은 강의를 들었다. 거기서 나는 색칠 기도를 처음 알게 되었다. 그의 책은 몇 달 후에 집어들었다. 그 수련회에서 시빌은 분명하게 말했다. '두들링 기도'를 하기 위해 실력 있는 예술가가 될 필요는 없다고. 그렇다고 그 말을 다 믿지는 않았다. 특별한 마카도 없고(나중엔 샀지만) 좋은 스케치북도 없었지만(이것도 나중에 샀다), 나는 시빌이 이 책 5장과 6장에서 소개하는 중보 기도 방법을 시도해 보았다. 지금 보니 이것은 색칠 기도의 기본 코스라고 할 수 있겠다. 이어지는 장들에서 이 주제가 변형·발전한 내용을 만날 수 있을 테지만, 기본 방법은 5, 6장에 나와 있다. 종이 한가운데 하나님을 배치한 다음, 당신이 기도하고 싶은 사람들과 상황들을 죽 적어 내려간다. 그렇게 적은 글자 주변을 두들링으로 채우면서 손이 가는 대로 죽 써 간다. 세

모, 구불구불한 곡선, 자궁암에 걸린 이웃, 가까운 친구 아이의 중독 문제, 다시 세모, 육각형, 꼬불꼬불한 핑크색 전화선, 무어라 이름붙이기 어려운 무거운 슬픔, 그리고 다시 육각형. 그 9월의 오후, 나는 이렇게 기도를 해 보고 있었다. 페이지 한가운데에 불꽃을 그렸다. 그리고 모세와 초대교회에 불꽃으로 나타나셨던 하나님께 내 근심을 아뢰는 기도를 시작했다. 눈 깜짝할 새에 한 시간 반이 흘러 있었다. 몇 년 만에 처음으로 나는 기도에 '푹 잠겼다.'

　　최근 사별한 친구를 위해, 내가 섬기는 작은 교구 교회를 위해, 신혼 부부인 잔느와 조시의 결혼 생활이 늘 행복하기를 위해 한동안 그렇게 두들링 중보 기도를 할 때면, 이 사람들을 하나님의 임재 앞으로 데리고 간다는 생각이 들었다. 어쩌면, 어쩌면, 그것이 바로 우리가 중보할 때 하는 일일 것이다. 하지만 또 어쩌면, 좀 단순하게 말해서, 나는 그 모든 과정에서 내 홀로 된 친구와 나의 교회가 이미 하나님의 임재 안에 있음을 주목하고 있었다. 또한 내 낙서가 정말로 하는 일은 하나님의 임재가 더욱 강렬하기를, 더욱 빛나기를, 더욱 분명하기를 구하는 것이었다. 내 기도의 결과로 하나님의 임재가 홀로 된 내 친구에게 더 가까이 훅 하고 임했는지는 나도 모르겠다. 그러나 하나님은 분명 나에게 다가오셨다. 부재한다고 생각했던 하나님, 또는 내가 목도하기를 진정으로 바라지 않으신다고 생각했던 하나님. 그 하나님의 임재가 몇 달간 두들링 기도를 드리는 가운데 다시 찾아왔다. 하나님과 가까워지고 싶다는 열망 또한 다시 찾아들었다.

　　나는 이 책을 셀 수 없이 많이 뿌렸고 이 책의 기본 내용을 교회 친교실에서, 병실에서, 대학 강의실에서, 수감자들의 강의실에서 가르쳤다. 롤리의 여성 교도소에서 나는 기도 생활과 관련하여 다양한 내용을 강의하는데, 수업 중에 이렇게 질문하곤 한다. 매일 시편 읽기, 렉티오 디비나, 침묵 관상 등등의 "특정한 기도 훈련을 5년, 10년, 20년 동안 실천한다면, 그러한 특정한 방법으로 그 오랜 시간 기도 생활을 해낸다면, 결국에는 하나님과의 관계가 어떤 모습일 거라고 상상하시나요?" 한번은 색칠 기도를 놓고 이렇게 묻자 다음 대답이 돌아왔다. "재미요. 하나님과의 관계가 재미있어질 것 같아요." 즉 유희, 기쁨, 즐거움 같은 특징이었다.

기도에 관해 개인적으로 꽤 진지한 편이고, 나 스스로에 대해서도 '재미있는' 사람이라고는 여기지 않는다. 그래서 특정한 기도 방법을 통해 하나님과의 관계에서 '재미'를 찾을 수 있으리라고도 기대하지 않는다. (내 대답은 주의 집중, 하나님 안에서의 자유 같은 것이 될 것이다. 개인적으로 진지하다고 표현한 의미를 이제 아시리라.) 하지만 10년 넘게 색칠 기도를 실천하고 보니 나는 이 기도가 재미있다고 증언하게 되었다. '재미'라는 말은, 색칠 기도의 다양한 매력을 충분히 설명해 주지 못한다. 나는 나의 탄식과 혼란을 색칠 기도로 표현했다. 하지만 노스캐롤라이나의 여성 교도소에서 대화했던 분은 이 기도의 고갱이를 '재미'라고 명명했다. 색칠 기도를 통해, 나는 하나님과의 관계에서 핵심이 무엇인지, 기도 생활에서 핵심이 무엇인지를 알게 되었다. 그것은 바로 즐거움이다.

그럼 즐겁게 읽으시기를!

로렌 위너[•]

• Lauren F. Winner, 미국 역사학자이자 종교학자. 듀크 대학 신학부 교수.

머리말:
기도와 놀이

나의 첫 번째 낙서가 기도로 변형된 지 거의 20년이 지났다. 여전히 나는 색칠 기도(두들링 기도)를 하고 있다. 이 기도법을 통해 내 손과 눈, 뇌, 심장 그리고 온몸은 기도 속으로 안착한다. 《두들링 기도》가 색에 관한 책이긴 하지만, 컬러링북은 아니다. 펜, 종이, 마카, 연필은 시각적 기도를 유기적으로 확장하는 도구다.

두들링 기도를 처음 시작했을 때 이런 의구심이 있었다. "이것이 정말 기도인가? 진지하게 임하지만 가볍고 편안한 것도 사실이다. 기도 같기도 하지만 놀이 같은 느낌도 있다. 영성 실천이 기도 같은 동시에 유희적일 수 있는가?" 기도^{pray}와 놀이^{play}라는 두 단어를 보면, 그 모양이 거의 흡사함을 알 수 있다. 알파벳 한 글자만 다를 뿐, 세 글자는 같다. 공통점은 또 있다. **기도와 놀이** 둘 다 아이처럼 되는 일이고, 연약해지는 일이며, 새로움을 향해 마음을 열고, 내려놓고, 그 순간에 맡기는 일이다. 예수님은 아이와 같이 되는 일을 칭찬하셨다. "내가 진정으로 너희에게 말한다. 너희가 돌이켜서 어린이들과 같이 되지 않으면, 절대로 하늘 나라에 들어가지 못할 것이다"(마 18:3).

내가 아이였을 적, 이웃집 친구들과 나는 그날의 골목대장이 이끄는 대로 모르는 곳을 신나게 탐험하곤 했다. 우리는 골목길, 숲, 옆 동네, 공사장을 돌아다녔다. 새로운 모험으로 이끄는 친구를 우리는 믿었다. 어리숙해 보이고 무릎이 까지고 팔뚝이 긁히고 다리에 멍이 들어도 상관없었다.

내 최고의 기도 시간에, 나는 통제하려는 욕구를 내려놓고 "나 자신보다 위대하신 힘"이 이끄시는 대로 나를 맡긴다.[1] 하나님 그리고 침묵은 나를 새로운 장소로 데려간다. 무사히 돌아온다는 보장은 없다. 기도와 명상 속에서 내가 가는 장소들은 자유롭고 놀라운 곳들이지만, 그곳들은 내가 아는 삶에 위협이 될 수도 있다. 만일 내가 내 의견과 믿음과 삶, 그리고 깨끗한 무릎을 지키려 한다면 나는 기도라는 뜻밖의 만남을 모두 피해야 할 것이다. 기도는 내가 기꺼이 듣고자 하고, 약해지고자 하고, 따르고자 하며, 변화하고자 하리라고 나를 상정한다. 기도와 명상은 내가 바른길을 걷게 해 준다. 그런데 한편 내게서 지도를 빼앗아 간다. 나는 이 모험에서 하나님이 나를 이끄실 것을 신뢰한다.

기도와 놀이는 둘 다 관계에 관한 것이기도 하다. 관계는 일상의 모든 경험과 감정을 통해 계속 연결될 때 가능하다. 기쁨과 슬픔, 웃음과 눈물 그 모두를 아우른다. 그러면 왜 우리는 기도할 때 그렇게 심각하고 진지하고 경건해지는 것일까. 진지함과 가식에 기반한 인간 관계는 지루하고 거북하다. 내게 놀이는 건강한 관계 대부분에서 중요한 요소다.《몸이 원하는 것》에서, 신시아 윈튼 헨리Cynthia Winton-Henry는 이렇게 쓴다. "놀이는 정직하다. 당신은 자기 자신이 되지 않고서는 놀 수 없다."[2] 기도도 그렇다. 거짓된 겉치레 자아로는 하나님께 기도할 수 없다. 정직은 나의 꿈, 나의 죄, 나의 의심, 나의 눈물, 나의 유머, 나의 실패, 나의 성공… 나의 전부를 드리는 일이다. 나는 하나님과의 관계가 건강하고, 즐겁고, 진지하면서도 유희적인 것이 되길 바란다. 그리고 무엇보다 정직하기를 바란다.

성경 저자들은 하나님과의 이러한 풍성한 관계에 대한 한 가지 이해로서, '기쁨delight'이라는 단어를 자주 사용했다. 이 단어는 성경 전체에서 사용되며, 특히 시편에서 잘 볼 수 있다.

"기쁨은 오직 주님에게서 찾아라. 주님께서 네 마음의 소원을 들어주신다"(시 37:4).

"그들은 전능하신 분께서 주시는 기쁨을 사모했어야 했고 그분께 기도했어야 했다"(욥 27:10).

"나의 하나님이시여, 주의 뜻을 행하기를 내가 기쁘게 여기고 내가 항상 주의 법을 마음에 간직하고 있습니다"(시 40:8, 현대인의성경).

색칠 기도에서 내가 얻는 최고의 선물이라면 기도하면서 **기쁨**의 감각이 새로워지는 것이다. 이때 **기쁨**은 맹목적으로 그저 킥킥대는 행복을 말하는 게 아니다. 그것은 기대하는 열정과 에너지다. 기도는 더 이상 의무로 느껴지지 않는다. 그림을 그리면서 기도로 들어갈 때, 나는 하나님을 만나는 이 시간에 대한 희망과 감사에 찬 기대감을 느낀다. 내 기도의 주제가 심각하고 두려운 것일 때조차도 그렇다. 기도는 내 마음과 생각의 고된 노동일 수도 있다. 거기서 나는 작업장의 감독이다. 때로 기도는 기쁨과 해방의 장소다. 거기서 나는 창조주의 임재 안에서 뛰놀고, "하나님의 자녀가 누릴 영광된 자유"(롬 8:21)를 맛본다. 어쩌면 하나님도 내가 기도하면서 보여 드리는 우스꽝스러운 노력을 기뻐하실지 모른다.

색칠 기도라는 영성 실천은 기도와 놀이 둘 다를 아우른다. 내게 영성 실천이란 멀티태스킹의 반대말이다. 그것은 내 지성, 몸, 감정, 생각, 영을 같은 장소에 모으고 한동안 거기 머무르는 일이다. 색칠 기도 연습은 나의 이질적인 부분들을 한데 모아, 의자에 앉아서 고요함과 경청의 공동체로 들어가도록 나를 이끈다. '연습'이라는 단어에는, 이 자리에 이르도록 자주 그리고 반복해서 시도한다는 뜻이 들어 있다.

나는 기독교적 관점에서 기도를 다룬다. 하지만 《두들링 기도》는 어떤 '저 위에 있는 힘'과 연결되기를 갈망하는 이들, 또 시각적이고 운동감각적인 명상법을 경험하고 싶은 이들을 위해서도 썼다. 색칠 기도를 처음 접하는 분께 이 책은 손으로 해 보는, 그리고 두 눈을 크게 뜨는 영성 실천을 소개하는 초대장이다.

색칠 기도를 다시 해 보려고 하는 분이라면 감사하다. 파트 0에서 다루는 나의 기도와 색칠 기도에 대한 자전적인 글은 이미 익숙하실 것이다. 파트 1에서 8까지 읽어 가면서 당신의 기도 생활을 북돋우고 개선시켜 줄 새로운 아이디어를 찾을 수 있기 바란다. 이번 확대개정판에는 색칠 기도를 위한 여러 이미지 자료와 새로운 기도 방법들을 수록했다.

나는 기도와 명상이란 외로운 작업이라고 생각해 왔다. 그런데 나의 고독과 고독한 기도 속에서, 나는 더 이상 이전에 느끼던 외로움과 소외감을 느끼지 않는다. 내 기도를 담은 한 페이지 한 페이지에서 나는 내가 중보하고 또 나와 함께 기도하는 사람들의 공동체를 본다. 워크숍과 수련회를 인도할 때면 하나님과 연결되기를 갈망하는 사람들의 드넓은 네트워크가 있음을 경험한다. 타인과의 진솔한 관계, 그들이 자신의 깨어짐과 존재 전부를 나눌 수 있는 장소…. 나는 이 책의 아이디어를 배워 자신의 것으로 삼은 많은 개인과 그룹들에게 감사한다. 실제로든 가상으로든, 기도자들이 연결된 광대한 그물망으로 인해 감사한다. 그들이 있기에 나는 혼자가 아니다.

시빌 맥베스

Part 0
절망에서 기도로

색깔로 기도하기

색칠 기도는 활동적이고, 명상적이며, 유희적인 기도 연습이다. 이것은 과정이며 결과물이다. 이 과정은 낙서하고 색칠하는 아이의 세계로 재진입하는 일로서 기도와 명상의 고요한 시간을 즉흥적으로 창조하는 일을 포함한다. 그 결과물은 시각화된 기도, 기도하며 보낸 시간을 상기시켜 주는 기록으로, 이는 기도를 계속하게 해 주는 길잡이가 된다.

이 책이 예술가를 위한 실습 자료라고 느껴져서 덮어 버리고 싶다면, 잠깐 기다려 주시길. 이 연습에는 기술이 필요치 않다. 나는 고양이를 못 그린다. 기술적인 면에서는 다른 것을 그릴 때도 마찬가지다. 학창 시절 내내 미술 과목에서 받은 C는 썩 괜찮은 성적표에서 옥에 티였다. 예술가셨던 어머니와 외할머니는 내 유전자 조합에서 뭐가 잘못된 거냐며 한숨을 쉬셨다.

하지만 그런 예술적 결핍에도 불구하고, 나는 색을 언제나 사랑했다. 크레욜라 상자에 가지런히 들어 있는 48색 크레용, 향긋한 종이와 밀랍 냄새, 가느다란 원통형 색연필을 손 안에서 굴릴 때의 느낌은 나의 초기 예배 체험이었다. 내 앞에 있는 제단에는 온갖 색들이 세상에 복음을 전하려고 기다리고 있었다. 아름다움과 변화를 향한 그 엄청난 가능성이란. 그러나 너무나 불공평하게도 내 그림은 형편없었다.

그런데 아이러니이면서도 기적과 같은 일이 일어났다. 내가 어른이 되고서야 하나님이 내 열정 하나를 택하셨는데, 그건 바로 색이다. 그리고 그것을 나의 부족함과 묶으셨다. 바로 그림이다. 색과 그림을 나의 안절부절못하고 즉흥적인 성격에 더하사 새롭고 구체적인 기도 방법을 주셨다. "내 은혜가 네게 족하다. 내 능력은 약한 데서 완전하게 된다"(고후 12:9). 내 전문 지식은 기도에 별 쓸모가 없었다. 하지만 내 약점은 쓸모가 있었다. 아무래도 바울이 하나님께 저 말씀을 들었을 때 느꼈던 것과 같은 눈치쯤은 내게 있는 것 같다.

다시 말하지만 기술은 필요 없다. 당신이 시각적 혹은 운동감각적 학습자라면, 산만하고 성급한 영혼의 소유자라면, 말에 지친 기도자이거나 새로운 기도의 길을 찾고 있는 사람이라면, 바라건대 이 연습이 도움이 될 것이다. 그렇지 않다 해도, 당신에게 맞는 새로운 기도 아이디어를 찾기 위한 시동 걸기는 될 것이다.

내가
기도하는 이유

내가 기도하는 특정 이유들을 몇 가지 적어 본다.

하나님과 연결되기 위해, 그분과 관계 맺기 위해

규칙적인 영성 실천을 위해

경탄과 경이를 표현하기 위해

예배하기 위해

내적 고요와 평정을 위해

비우는 동시에 수신 모드를 유지하기 위해

우선순위를 정비하기 위해

도움과 치유를 구하기 위해

고함지르고 싶을 때, 분노가 치밀 때, 불평할 때, 저항할 때

스스로 부끄러운 일들을 고백하고 싶을 때

용서를 구할 때

다른 사람들에 대한 걱정이나 소망하는 바가 있을 때

감사를 드리고 싶을 때

'구조 조정'³을 해야 할 때. 자신에 대해 너무 적게 생각하거나 너무 많이 생각하지 않기 위해

광대한 우주에서 내 인생이 얼마나 미미한 것인지를 기억하기 위해

두려움과 걱정거리를 나 자신보다 더 크신 힘에 내어 드리기 위해

온갖 생각을 던져 놓을 공간을 찾기 위해, 추한 생각도 아름다운 생각도

나의 바람, 꿈, 괴롭히는 목소리를 나눌 자리가 필요해서

나의 삶을 재평가하기 위해

하나님의 말씀에 귀 기울이고 듣기 위해

어떤 일이 맞는지, 혹은 정정해야 하는지 확인하기 위해

내가 하나님의 자녀임을 기억하기 위해

타인을 고쳐 보려는 욕심을 없애기 위해

많은 일들에 대한 나의 무력함을 인정하기 위해

내가 지닌 힘을 발견하기 위해

오만하고 판단하는 태도를 다루기 위해

꿈꾸기 위해, 눈에 보이는 사실 너머의 세상을 상상하기 위해

내 삶을 하나님께 내어 드리기 위해

좌절된 기도

나는 직업으로는 작가이자 커뮤니티 칼리지(미국 지역 전문대학—옮긴이)의 수학 교수이고, 취미로는 댄서이자 낙서가이며, 태생적으로는 기도자다. 어머니는 내가 태어나던 순간부터 내게 기도를 숨으로 불어넣어 주셨다. 하나님께서 "내 모태에서 나를 짜 맞추"시는 동안(시 139:13), 어머니는 그 한 땀 한 땀마다 "아멘"(그리될 것입니다)으로 화답하셨다. 그 결과, 하나님 없는 인생이란 내 기억에 없다. 아주 어릴 적 기억에서 엄마는 내 침대맡에 앉아서서 머리칼을 쓸어 주며 이렇게 밤 기도를 암송하셨다.

> 아버지-어머니이신 하나님,
>
> 나를 사랑하시는 분
>
> 내가 자는 동안 지켜 주세요.
>
> 내 작은 발을 인도하사
>
> 주님께 이끌어 주세요.[4]

난 이 기도를 좋아했다. 간단한 데다 쉽게 그려지는 내용이다. 하나님을 향해 발가락을 까딱거리며 거꾸로 된 내 모습을 보는 건 별 문제가 아니었다. 태어날 때 나는 거꾸로 있었기 때문에, 어쩌면 내게는 그렇게 하나님께로 가는 게 자연스러운 일일지도 모른다. 게다가 이 기도는 가톨릭교회나 다른 교파의 친구들이 외우는 밤 기도보다는 덜 무섭기도 했다. "잠에서 깨기 전에 제가 죽는다면, 주님 제 영혼을 데려가 주소서." 말은 이해가 되어도 죽음과 영혼은 큰오빠가 해 주는 귀신 얘기와도 같은 거였다. '사랑, 지켜 주심, 인도하심'이라는 가사는, 캄캄하고 막막한 밤 시간에 하나님이 보호하시고 돌보신다는 것을 따스하게 확신시켜 주었다.

내 머릿속에는 주일학교와 오랜 교회 생활을 통해 익힌 기도문, 시편, 찬송가들을 담아 놓는 커다란 저장소가 있다. 이 기도문들은 하나님과의 관계를 위한 주춧돌이다. 거기서 내 첫 영적 단어집을 얻었고 하나님과 소통하는 법을 배웠다. 지금도 그 친근하고 아름다운 말들은 내게 깊은 위안과 기쁨의 원천이 된다. 기도는 내 존재에 그토록 깊이 배어 있기에, 나는 기도의 전문가여야 한다. 멋지고 청산유수 같은 기도들이 내게는 쉬운 일이어야 한다. 하지만 기도가 천국에서 어떤 인증 코스라면, 내겐 곤란할 일이다. 내가 받아든 C-의 성적표에는 이렇게 쓰여 있을 거다. "세부 표현이 충분하지 않고, 산만하며, 진부한 말이 너무 많음. 시간과 노력이 부족하고, 지나치게 자기중심적이고, 안절부절못하며, 너무 징징거리고…" 나는 기도의 전사였던 적이 없다. 텔레비전에 나올 만한 유창한 기도를 내지르지 못한다. 내 조카는 외향적이고 감정에 충실한 성격인데, 하나님과의 '수다'를 좋아한다. 그녀는 부러울 정도로 기도를 편하게 여긴다. 내 수줍음과 성급함은 하나님과 친밀한 언어로 소통하려는 노력을 훼방한다.

그 대신, 나는 기도 제조기다. 나는 기도를 많이 하고, 그때그때 내키는 대로 한다. 엉성한 간구와 중보, 감사와 분노를 터뜨린다.

이제 나는 내 유년 시절을 기도에 푹 담갔던 그 교회에 나가지 않지만, 그때 배운 원칙 하나는 꼭 지킨다. 기도는 매 순간의 활동이라는 것. 주일에, 식탁에서, 혹은 잠들기 전에만 하는 게 아니라는 것이다. 기도는 인생의 모든 조각을 영적인 총체로 붙여 주는 풀이다. 내가 누구인지를 일깨워, 하나님의 사랑받는 자녀임을, 하나님의 형상과 닮은꼴로 지어졌음을 상기시켜 준다. 어린 시절 주일학교 선생님과 우리 어머니는 데살로니가전서 5장 17절의 "쉬지 말고 기도하라"(개역개정)라는 말씀을 중요시하셨다. 다른 번역을 보면 "항상 기도하라" "계속 기도하라" "끊임없이 기도하라" 등으로 되어 있다. 이는 "쉼 없이 말하라"로 번역할 수 있을 것이다. 어떤 말로 하든, 분명한 도전이다.

　　이 말씀들이 불가능한 과제를 주는 지시 같아 보일 수 있지만, 내겐 인격적인 초대로 느껴진다. "지금 여기서 하나님과 함께하렴. 파티에 오렴." 하지만 모든 파티 초대가 그렇듯, 내겐 불안감이 엄습한다. "뭘 입어야 하지?" 이 경우 복장에 해당하는 건 어떤 종류의 기도냐 하는 것이다. 나는 옷장 가득 뇌리에 박혀 있는 기도문들 말고 그 바깥에 있는 다른 양식의 기도를 탐험하고 싶다. 기도의 형식은 나를 매혹한다. 나는 향심 기도, 관상 기도, 걷는 기도, 치유 기도, 적시는 기도^{soaking prayer}, 명상, 방언 기도에 대해 알고 있다. 워크숍에 참가하고 책도 읽었다. 그런 기도를 모두 조금씩 맛보았고, 내 기도의 이해를 확장시켜 준 그 방법들로 인해 감사한다. 하지만 나는 집중도가 낮고 몽상에 빠지는 성향이라 사실 별 성과가 없었다. 마음먹고 대여섯 문장이나 호흡을 들여 기도하면 이내 초점을 잃는다. 책상 위에 쌓인 채점할 수학 과제들, 책 마감 기한 같은 것이 내 생각 속에서 나대기 시작한다. 양육자로서 부적절하다는 걱정이 더해진다. 기도의 말들과 산만한 말들이 충돌하며 불경한 난장판이 된다. 단어가 편안하게 흘러나오는 좋은 날이면, 나의 멋진 표현에 푹 빠져서 스스로 예배의 중심이 되어 버린다. 경건한 광경은 아니다.

　　죄책감과 무력감 속에서, 기도 연습을 몽땅 내버릴까 생각했다. 그런데 메리라는 성직자 친구가(이름이 아주 맞춤하다) 나를 격려해 주었다. "할 만한 가치가 있는 일이라면, 서툴게라도 할 만한 가치가 있지." 그에 더해, 하나님을 알고 싶다는 깊고 끊임없는 허기가 있었다. 평균 이하의 기도라 해도, 기도는 하나님과의 교제를 위한 나의 미약한 노력이다.

기도 제조기

기도 제조기로서 나는 하나님과 늘 소통한다. 나는 영혼의 엽서들을 수없이 띄운다. 사모함과 탄원, 그리고 정보의 작은 조각들이 달라붙은 기도의 화살은 하나님을 향해 하루 종일 날아간다. 한 친구는 엽서를 가리켜 '관리형 우편물'이라 부른다. 시간을 들여 퓰리처상 수상감인 편지를 쓰기보다는, 그녀는 관계를 유지하기 위해 엽서를 자주 보낸다. 엽서는 좋은 소통 수단이고, 아무것도 안 하는 것보다는 확실히 낫다. 하지만 겨우 2-3분을 들여 5×7.6센티미터만한 인치만 한 공간을 할애하는 것만으로 어떤 관계가 성장하리라 생각하는 건 착각이다. "난 잘 있어. 너도 잘 지내기를 바라. 보고 싶구나. 곧 또 연락할게." 이런 엽서를 받고 내가 정말 중요한 존재라고 믿기가 쉬울까? "안녕하세요, 하나님. 그럼 안녕히 계세요, 하나님" 식으로 하는 나의 정례적인 출석 체크를 하나님이 인정은 해 주시겠지만 친밀함이나 훨씬 깊은 관계를 만들어 가는 방법이 될 것 같지는 않다.

　　나에게 친밀함이란, 잠깐씩 이리 갔다 저리 갔다 하는 것 이상이 필요한 일이다. 거기엔 시간이 필요하다. 그리고 몇 번이고 다시 시간이 필요하다. '친밀함intimacy'은 라틴어의 '인티메intime'(메리안 웹스터 온라인 사전)라는 어원에서 변형된 것이다. 어원학상으로 근거가 있는 건 아니지만, 'intime' 사이에 한 칸을 띄우면 우연히도 '때가 되면in time'이 된다.

단어들은 내가 가장 필요로 할 때 날 피해 간다. 그러다 보니 내가 기도하고 싶을 때 하나님과 질적으로 좋은 시간을 기대할 수 없다는 걸 나는 오래전에 깨달았다. 내겐 양과 규칙성이 필요하다. 질은 내가 기대할 만한 것이 아니다. 남편 앤디와 나는 촛불과 고급 음식이 있는 화려한 저녁 외식 일정을 잡을 순 있겠지만 그곳에서 우리가 멋진 시간을 보내리라는 보장은 없다. 우리의 친밀함은 하루하루 함께 지내는 시간 속에서 만들어져 왔다. 부엌에서 나란히 양파와 피망을 다지고, 소파에 같이 앉아 책을 읽고, 현관에 걸터앉아 아이들이 자전거나 스케이트보드를 타는 모습을 지켜보고, 함께하는 인생 지도를 그려 보는 그런 시간들에서.

그러므로 내겐 충분한 시간을 확보해 주는 기도 방법이 필요하다. 장황하고 상 받을 만한 말들을 요구하지 않는 그런 기도 방법. 나의 짧은 집중력과 들썩이는 몸, 생각이 많은 성향에 맞는 기도 방식을 원한다. 의자에 앉아서 '주님을 기다릴' 수 있는 방법이 필요하다.

중보 기도

개인 기도 생활이 뒤죽박죽인 데 대해서 나는 편하게 생각하는 편이다. 하지만 누가 "저를 위해 기도해 주세요"라고 부탁한다면, "언제 점심 한번 같이 해요"와는 차원이 다른 얘기다. 이렇게 말하는 그들은 자신의 삶과 인격의 깊은 차원으로 나를 초대하고 있는 것이다. 많은 경우 거기엔 긴급한 문제가 있다. 그들은 자신의 연약함, 슬픔, 두려움을 열어 보이고 있다. 그들의 인생에서 무언가가 지금 주체가 안 되어 나 같은 사람에게 도움을 청하는 것이다. 나는 그런 사람들에게 내가 중보했던 사람들이 돌아가셨다고 주의를 주곤 한다. 그만한 위험을 각오해야 한다.

　　이런 위험도 있다. 내가 그들을 위해 기도하는 대신 그저 걱정만 하고 있을 수도 있다. 걱정은 기도를 대체하지 않는다. 걱정은 '시작하는 자리'이지 '머무는 자리'는 아니다. '시작하는 자리'로서 걱정은 무언가 잘못되고 있다는 심리적 신호다. 죄책감처럼, 그것은 이 우주에서 무언가가 일그러져 있고 혹은 잘못되었다는 걸 알려 준다. 나는 죄책감을 물리치고 걱정도 물리쳐야 한다는 입장은 아니다. 죄책감과 걱정을 너무 빨리 쫓아내 버리면 그것들이 가져다주는 메시지도 놓치게 된다. 그들은 예고 없이 닥친다. 하지만 한동안 그들과 함께 지내야 할 것이다. 그들은 모닝콜이다. 나의 정신과 영혼의 기상나팔이다. 죄책감과 걱정은 이렇게 나팔을 울려 댄다. "어서 일어나. 나가서 뭔가 하라고. 정신 좀 차려. 손 떼. 이 상황에서 벗어나라고…." 그러나 대개는 늘 이렇게 말한다. "무릎 꿇어. 이건 너 혼자 감당할 수 있는 일이 아니야." 걱정은 나를 기도로 초대한다.

'머무는 자리'에 있을 때 걱정은 방종, 무력, 고갈, 통제가 될 수 있다. 그것은 내 상상력의 재능에서 어두운 면을 불러내어 에너지를 소모시킨다. 그것은 포르노그래피 못지않게 악하고 자극적이다. 지나친 걱정을 하나님께 내어 드린다고 해서 그것이 곧 사라지지는 않는다. 하지만 더 작아진다. 나는 그 실체를 본다. 그것은 행동이라는 가면을 쓰고 나를 무위의 올가미로 감아 버리는 사기꾼이다. 기도할 때 틈탄 걱정은 내 곁에 앉아서 이전에 가졌던 명예와 권력의 자리를 달라고 애원한다. 하지만 내가 기도에 집중할 때, 하나님의 임재에 참여하려고 의식적으로 노력하며 집중할 때, 걱정은 기우뚱하고, 멈추며, 때로는 나가떨어지고, 마침내 죽는다.

그러므로 사람들이 내게 기도를 부탁할 때, 나는 깊은 숨을 들이쉰 다음, 걱정에 목줄을 매고 그것을 내 손에 묶은 채 기도라 불리는 자리를 향해 걷는다. 사람들에게 기도해 달라고 부탁할 때, 그들도 똑같이 하기를 나는 바란다. 그들이 내 기도 제목의 세세한 내용에 대해 걱정하는 건 원치 않는다. 내 슬픔에 압도되고, 내 나쁜 행실과 말 안 듣는 아이들을 보며 '끌끌' 혀를 차고, 내 고백을 듣고 열쇠구멍으로 엿보듯 진단과 예후를 공상하고, 마침내 내 부고를 쓰는 일은 그들이 할 일이 아니다. 그들이 할 일은 우주를 좋은 생각들로 채우는 것, 나를 하나님의 사랑 안에서 감싸 주는 것, 내게 소망을 주는 것, 내가 치유되기를 중보하는 것이다. 내가 두려움과 슬픔에 잠겨 혼자서는 그렇게 할 수 없을 때, 그들이 내 손과 마음을 하나님께 다시 연결해 주기를 나는 원한다. 다른 사람들을 위해 중보할 때, 나는 그들도 같은 것을 요청한다고 생각하고 기도한다. 강박적이고 관음증적인 생각과는 거리를 두기 원할 거라고 믿는다.

기도 요청을 하는 누군가에게 "기도할게요"라고 대답하기란 쉽지 않은 일이다. 더욱이 "당신을 위해 기도해 드릴까요?"라고 물어보는 일은 조심스럽고 떨리는 일이다.

새로운
기도 방식

두들링과 색칠로 하는 기도는 어느 절망의 시기에 나를 찾아왔다. 거의 20여 년 전, 내 주변의 가족, 친지, 친구들이 치명적인 악성 암 진단들을 받았다. 뇌암, 유방암, 피부암, 폐암 등. 심각한 소식들에 충격을 받아 나는 거의 기도할 수가 없었다. 힘없는 짧은 말들만 하나님께 보낼 뿐이었다. "제발, 하나님, 척을 치유해 주세요. 수가 살아서 아이들이 고등학교 졸업하는 걸 볼 수 있게 해 주세요. 피터의 고통을 거두어 주세요. 줄리아를 주님의 힘과 사랑으로 감싸 주세요…." 나의 짧고 단순한 기도들을 하나님이 기쁘게 받으셨으리라 믿는다. 그러나 병의 중함에 비해 나의 말은 부족한 것 같았다. 걱정과 분노는 두려움과 부정적인 기운을 만들어 냈고 내 신앙을 제압하려 위협했다. 내 친구들은 한낱 '겁에 질린 기도'보다는 더 나은 지원을 받아야 했다.

커뮤니티 칼리지의 봄 학기가 끝날 무렵, 내 중요 기도 명단에는 친구 여섯 명과 친지들의 이름이 들어 있었다. 수학 교수로서 3개월 안식월을 얻은 나는, 우리집 베란다로 피정을 가서 느긋하게 쉬고, 놀고, 지난 9개월간 좀 소원했던 영적인 삶을 챙겨 보리라 결심했다. 채점할 시험지도 준비할 수업도 없이, 명상과 쉼과 늘어짐을 실천하는 1순위 형태인 두들링을 실컷 할 자유가 생겼다. 예술가 폴 클레Paul Klee는 말했다. "드로잉은 선이 산책하게 하는 일이다." 나로 말하자면 두들링은 "선이 **나를** 산책하게 한다." 기억하시겠지만, 나는 고양이도 개도, 그 밖에 어떤 것도 그리지 못했었

32

다. 하지만 나는 색과 형태와 움직임을 사랑한다. 즉흥 드로잉(일명 두들링)은 이 사랑을 종이에 구현할 수 있게 해 주었다.

어느 날 아침, 나는 색연필과 마카 통을 챙겨서 베란다에 있는 유리 상판 테이블로 갔다. 스케치북을 펼쳐 검정 펜으로 아메바 모양을 그렸다. 거기에 선을 덧그리고, 호를 그리고 점을 찍었다. 그리고 나도 모르게 이 낙서 한가운데에 '수'라는 이름을 적었다. (수는 47세 된 사촌언니로 폐암 4기 투병 중이었다. 그녀는 두 아이의 엄마로 집에서 육아를 담당하고 있었다.) 나는 그리기를 계속했다. 색을 칠하고, 그 이름에 초점을 맞추었다. 각각의 점, 선, 색칠 하나하나가 수와 함께하는 또 다른 순간들이 되었다. 낙서를 계속해 가면서 스스로 안정이 되고 수에 대한 걱정이 누그러지는 걸 느꼈다. 놀랍게도 나는 그냥 낙서를 하고 있던 게 아니라, 기도를 하고 있었다. 마치 하나님과 수와 내가 어떤 방에서 함께 고요한 시간을 보내고 있는 듯했다. 사랑 안에서 서로를 붙잡고 그저 함께 있는 것 같았다.

수를 위한 그림을 그린 후, 같은 방식으로 내 기도 명단에 있는 다른 사람들을 위해서도 기도했다. 종이의 다른 공간에 다른 모양을 그리고 가운데에 이름을 적었다. 이 새로운 모양에 세부 장식, 선, 색깔을 더해 꾸몄다. 그렇게 그리는 선과 점과 호, 색칠된 부분들 하나하나가 말 없는 기도의 몸짓처럼 느껴졌다. 새로운 모양과 이름들을 그려 가다 보니 내 친구들과 가족들로 이루어진 색색의 공동체가 종이 위에 남았다.

이 기도 시간은 온통 침묵이었고 말이 필요 없었다. 친구들과 가족들을 하나님의 돌보심에 놓아주니 말은 불필요하게 느껴졌다. 이전에 느끼던 절망과 좌절감, 그리고 타인의 병과 고통에서 도망치고 싶은 긴박함은 사라졌다. 그림을 그리는 동안 나는 각 사람들'을' 생각했다. 그러나 그들에 '대해' 생각하지 않았다. 그들의 문제와 질병과 관련한 세세한 걱정거리들은 내 머릿속에서 사라졌다.

두들링은 내게 고요하고 정적인 시간을 선사했을 뿐 아니라, 내 기도의 구체적이고 시각적인 기록을 남기게 해 주었다. 이제 나는 이 시각적인 기도 제목을 지니고 있으며 이것은 차나 지갑 속 쓰레기에 묻혀 잃어버릴 일이 없다. 이미지가 내 머릿속에 있으니 어디든 가지고 다닐 수 있다. 때로는 실제 페이지를 기억한다. 하루를 지내다 보면 그림이 머릿속에 다시 떠오를 때가 있다. 그러면, 짧은 말로 기도를 드리거나 몇 분간 침묵하면서 각 사람을 하나님의 돌보심 속으로 다시금 내어 드린다. 초록과 하늘색으로 그린 '수'를 위한 기도가 머릿속에 떠오르면 그 자리에서 그녀를 위해 기도한다. 자주색과 회색으로 된 피터가 보이면 하나님이 그를 '색동옷'으로 감싸고 계심을 알 수 있다. 종이 위에 그린 사랑하는 이들의 행렬을 보며, 나는 내게 있는 두려움과 더듬거리는 말에도 불구하고 내가 그들을 기도로 붙들 수 있음을 깨닫는다. "쉬지 말고 기도"한다는 의미를 이렇게도 알 수 있다.

　　나의 첫 번째 두들링 기도는 이런 식이었다.

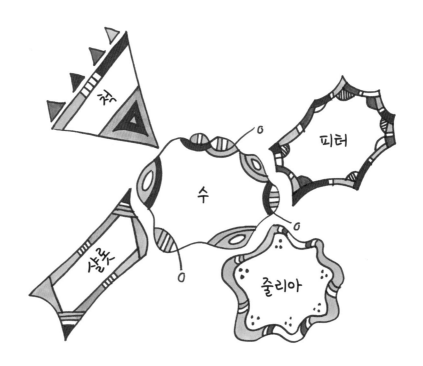

Part 1
시작하기

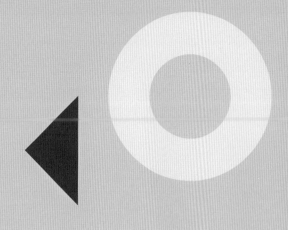

준비물

두들링을 위해서는 종이, 색마카, 색연필, 색펜 등이 필요하다. 가는 심의 검정색 볼펜은 아웃라인과 세부 표현을 하는 데 유용하다. 내 경우 두들링을 할 수만 있으면 종이 종류는 따지지 않는다. 평소에 그림과 기도의 장소로 쓰는 두 가지는 내지가 견고한 무선 노트나 유선 노트, 21.5×28센티미터 크기의 백색 용지 묶음이다. 노트에 그어진 선이 거슬리거나 기도 그림을 접어서 주머니, 지갑, 가방에 넣고 다니고 싶다면, 화방이나 할인점에서 드로잉북을 구입하면 된다. 나는 고급 가죽 장정이나 수제 노트 코너를 지날 땐 눈을 감는다. 아름다운 제품들이지만, 위압감이 들어 거기 뭘 쓰거나 그리기가 어렵기 때문이다. 급하면 전산 용지, 신문 용지, 심지어 봉투 뒷면도 괜찮다. 나는 냅킨, 카드, 단어장, 점착 메모지, 영수증, 식당 테이블에 깔아 놓은 방습지에도 기도 그림을 그린 적이 있다. 가방에는 7.6×10센티미터 정도 크기의 노트를 넣고 다니면서 그때그때 기도와 메모용으로 사용한다.

마카, 색연필, 색펜은 종이 구입처에서 살 수 있다. 내 경우 수성 마카는 잘 지워져서 쓰지 않지만, 비싸지 않고 믿을 만한 회사의 수성 마카를 구할 수 있긴 하다. 좋은 마카와 색연필을 구입하기 원한다면 돈을 좀 들여서 화방에서 유명 상표 제품을 구하면 된다. 이런 곳에서 일하는 사람들은 제품을 써 본 경험이 있는 예술가들이 많다. 자신들이 좋아하는 브랜드의 마카나 색연필을 추천해 주면서 각 제품의 장단점도 얘기

해 줄 것이다. 온라인으로 구입할 수도 있다. 내가 사용하는 마카는 유성 타입 200색이다. 색연필은 연질에 멋지고 아름다운 색을 갖추고 있어서 그림을 좀 못 그려도 용서가 된다. 마카와 색연필은 보통 세트로 구매하지만, 낱개로 사서 원하는 색을 조합해서 쓸 수도 있다. 일단 12색으로 시작해 보자. 열두 제자 마카인 셈이다. 아니면 좀 더 과감하게 13색은 어떨까. 불길한 13이다.

이렇게 물을 수도 있다. "기도하기 위해 그렇게 돈을 써야 하나요?" "크레파스는 안 되나요?" 이에 대한 내 대답은 물론 "그렇게 안 쓰셔도 됩니다", "크레파스 쓰셔도 됩니다"이다. 다만 내 경험에 따라 증언한다면, 제대로 된 준비물(고급스럽고 화려하지 않아도)을 갖추면 그릴 때 기분도 좋고 미적으로도 만족스러울 것이다. 값싼 마카를 쓰다가 종이에 온통 번지고 손에도 묻고 결과물도 엉망이 되면, 나는 그만두고 싶어진다. 크레파스도 괜찮긴 한데, 나는 크레파스를 잘 다루지 못한다. 이런 이야기들이 피상적이고 물질적인 평계로 들리겠지만, 나에게는 중요한 시작점이다. 나는 산만하고 서툴기 때문에 작업에 집중할 수 있는 기쁨이 필요하다. 그러므로 재미있게 집중하며 이 일을 계속하게 해 줄 준비물을 마련하도록 하자.

초등학교 때 이후로 그림을 그려 본 적이 없는 이들을 위해 미니 수업을 준비했다.

그리기

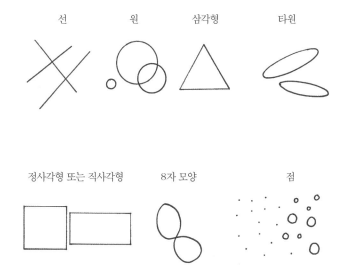

| 선 | 원 | 삼각형 | 타원 |

| 정사각형 또는 직사각형 | 8자 모양 | 점 |

정다각형   비정형 다각형   아메바 모양

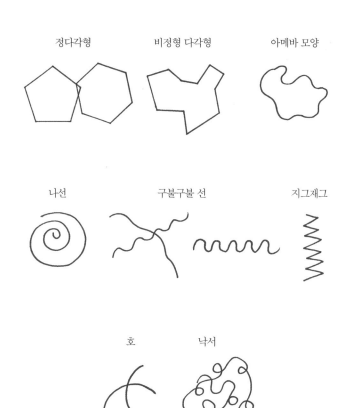

나선   구불구불 선   지그재그

호   낙서

위의 모양과 선들을 조합해 본다.

다각형과 호   반복 형태   삼각형과 원

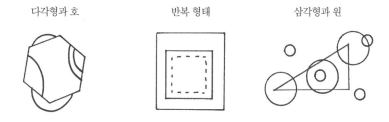

낙서와 사각형

8자 모양과 직선

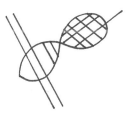

아메바 모양과 점

　이렇게 예시를 보여 주는 것은 원하는 대로 무엇이든 그려도 좋다는 것을 알려 주기 위함이다. 위의 그림은 처음 시작을 위한 예시이다. 종이 위에 손이 가는 대로 그려 보자. 다시 말하지만, 어깨 너머에서 보고 있는 선생님은 없다. 그저 그리기를 시작하라. 처음엔 이상해 보일 수도 있다. 하지만 당신의 손은 곧 좋아하는 움직임과 모양을 찾을 것이다. 미술적 기법을 조금 알고 사실적인 묘사를 좋아한다면, 배, 정지 표시, 나무, 꽃 등을 그려 봐도 좋다.

하나님의 이름들

3

기도를 하고 있는 사람이라면, 기도를 시작하는 각자의 방식이 있을 것이다. "하나님 아버지" "거룩하신 주님" "사랑하는 하나님" 등등. 우리가 하나님을 호칭하는 방식은 끝없이 많다. 하지만 대체로 우리는 하나님을 언제나 같은 이름으로 부른다. 아이일 때 배웠던 이름으로, 혹은 영적으로 진지한 삶을 살게 되면서 우리가 선택한 이름으로. 하지만 당신이 사용하는 이름이 만족스럽지 않거나 하나님의 무한한 면모를 확장하여 이해하기 원한다면, 다음과 같은 아이디어를 참고해 보시라.

예수님 **성령님** **하나님**

치유자 구원자 창조자

아버지 아바 구속자

야웨 **주님** **아버지-어머니 하나님**

한 분 신비

위의 이름들에 다음과 같은 형용사를 더해 본다.

사랑의 하나님　　자비의 빛

사랑하는 분

형제 예수님　　치유하시는 구원자

높으신 권세　　용서의 주님

전능하신 아버지　　변화시키시는 성령

다양한 교파와 다른 종교에는 기도할 때 사용하는 이름에 대한 전통이 있다.

가톨릭에서는 위에서 언급한 이름들을 사용한다. 그러나 **마리아**에게도 기도하고 **안토니오** 같은 성인에게도 기도한다.

유대교에서는 발설할 수 없는 하나님의 이름을 적지 않는다. 그러나 G-d, *YHVH*, **아도나이**, **엘로힘**, **하셈**, 혹은 '**야** *yah*'를 사용한다.

무슬림은 **하나님** 또는 **알라**를 쓴다.

스스로를 "영적이지만 종교적이지는 않은" 부류로 여기는 이들이 있다. 그들은 **창조자**, **본질**, **우주의 영**, **근원** 등의 표현을 쓴다.

두들링 어휘 몇 가지와 하나님의 이름을 살펴보았다. 이제 시작할 준비가 되었다.

시간과 장소

4

두들링 기도에 들이는 시간은 적건 많건, 당신이 정한 만큼 하면 된다. 최소한의 시간으로 한다면 15분 정도면 된다. 1-2분간 기도하는 방식은 나중에 살펴보겠다. 내 경우 30분이 좋다. 하루 중 어느 시간이라도 괜찮다. 아침에 색칠 기도를 한다면, 그날 하루 동안 그 이름들을 기억하며 지낼 수 있다. 밤에 한다면, 축복받은 느낌으로 잠들 수 있다. 밤에 그린 기도 그림은 다음 날에도 쓸 수 있다.

탁자가 있는 조용한 방이 이상적인 공간이다. 하지만 진짜 조용한 공간은 좀처럼 찾을 수 없는 것이 현실이다. 나는 베란다의 탁자(나의 이상적인 장소다)나 비행기, 소파, 카페, 또는 그냥 아무 데서나 기도를 해 왔다. 클립보드만 있으면 어느 장소든 기도의 자리가 된다.

마태복음 6장에서, 예수님은 우리에게 조언하신다. "너는 기도할 때에, 골방에 들어가 문을 닫고서…"(마 6:6). 드로잉북 앞에 몸을 굽히고 앉는 행위는 기도하는 방또는 공간을 만들어 내고 외부 활동을 차단시켜 준다.

공간을 마련하는 일은 기도의 예전을 구성하는 한 부분이다. 사람들은 예배와 성찬을 위한 단을 준비할 때 꽃을 장식하고, 좋은 보를 깔고, 성배와 성반을 탁자에 올려 두고, 초를 켠다. 간단한 임시 기도처를 만드는 법을 찾아보자. 먼저 촛불을 켠다. 밖에 나가 꽃 한 송이나 푸른 잎을 잘라 와서 작은 꽃병에 꽂는다. 공간을 깨끗이 치운 뒤 마카를 가져다 놓고 종이를 배치한다. 이러한 기본적인 행위는 내 생각과 몸에게 무언가 특별한 일을 위해 따로 떼어 둔 장소로 들어가라고 알려 준다. 기도가 인간이 창조주의 문을 두드리게 하는 행위라면, 색색의 마카는 문에 달린 황동 고리다. 마카와 종이는 내 기도 시간을 위한 단이 된다.

준비물을 다 챙겼으면, 이제 기도의 단계로 넘어가고 싶을 것이다. 다음 아이디어들을 활용하기 바란다.

- 성경 말씀을 외우거나 읽는다. 이 훈련에 적용할 수 있는 말씀은 로마서 8장 26절이다. "이와 같이, 성령께서도 우리의 약함을 도와주십니다. 우리는 어떻게 기도해야 할지도 알지 못하지만, 성령께서 친히 이루 다 말할 수 없는 탄식으로, 우리를 대신하여 간구하여 주십니다." 이 말씀을 여러 번 소리 내어 읽어 보라.

- 좋아하는 찬송을 한 소절 부른다.

- 몸과 생각과 영혼의 조각들을 모아 달라고 기도한다.

- 의자에 앉아 1-2분 숨을 고른다.

- 몇 분간 운동을 해 보자. 스트레칭을 한다. 하늘을 향해 기지개를 켰다가 발끝을 터치한다. 무릎을 꿇는다. 엉덩이를 흔들어 본다. 당신의 몸이 당신과 함께 기도에 들어가도록 초대해 보자.

- 심호흡을 몇 번 한다. 호흡할 때 소리 내어 한숨을 내뱉는다. 날숨을 쉴 때 '해야 할 일' 목록을 내뱉어 놓아 준다.

- 그리고…이상의 아이디어들이 다 별로라면, 그냥 펜과 마카를 집어들고 색칠 기도를 시작하면 된다.

기억하라, 이것은 하루 종일 하는 기도다. 그림은 이 기도에서 절반을 차지할 뿐이다. 나머지 절반은 이 그림을 시각적 기억으로 변환하는 것이다. 머릿속에든 종이에든 말이다. 그로써 당신은 하루 동안 죽 기도할 수 있게 된다. 이미지는 우리에게 기도하라고 일깨워 주는 시각적 알람시계 혹은 제종^{祭鍾, sanctus bell}이다.

Part 2
색칠 기도 연습

5

하나님과 함께
시작하기

하나님과 함께 시작하라. 나의 첫 색칠 기도는 기도 명단에 있는 사람들을 위한 두들 링이었다. 지금은 중보 기도, 나를 위한 기도, 감사 기도, 용서를 구하는 기도 등 모든 기도를, 하나님께 집중하는 데서 시작한다.

기도할 때 하나님의 어떤 이름을 쓰고 싶은지 정한다. 종이 위에 모양을 하나 그린 다. 직사각형, 사다리꼴, 원, 구름 모양…. 그리고 그 안에 당신이 정한 하나님의 이름 을 쓴다. 이렇게 이름을 쓰는 일은 이 시간을 하나님과 함께하기 위해 떼어 놓는다고 공표하는 것이다.

 3장에서 하나님의 이름에 대한 예시를 들었다. 하나님을 어떻게 불러야 할지 아직 잘 모르겠다면, 모양 안을 비워 두고 하나님의 신비란 인간이 명명할 수 있는 것이 아

니라고 생각해도 된다. 그 빈 공간이 전능하신 분을 향해 난 창 또는 문이라고 생각해 보자.

두들링을 시작한다. 선, 지그재그, 호, 점을 더해 그리면서 하나님께 주의를 집중한다. 2장에서 소개한 몇 가지 두들링 아이디어를 사용해 보라. 아니면 손이 가는 대로 자유롭게 그려 보라.

그리는 동안, 지금 당신이 친구 또는 존경하는 누군가와 함께 앉아 있다고 상상한다. 당신은 친구가 아무 방해 없이 말하는 것을 듣는다. 끼어들지 말고 다음에 무엇을 말할지 생각하지도 말라.

친구는 말이 없고 당신은 하고 싶은 말이 떠올랐다면, 그것을 말한다. 하지만 말이 꼭 필요한 것은 아니다. 선을 그으며 무언의 기도라고 생각해 보자.

모양과 기호들을 더하며 그림을 더 풍성하게 꾸민다.

그리는 동안 당신은 하나님과 함께하는 시간과 공간을 창조하게 된다. 종이 한 장에 그린 두들링이 기도의 작은 골방이 된다.

하나님께 어떤 말을 해야 할지 몰라도

계속 두들링을 해 나간다. 이것은 친구와 조용한 시간을 함께 보내는 기회가 된다. 여기서는 하나님이 되겠다. 하나님과 함께하는 이 시간이 말과 침묵 사이를 오가는 밀물과 썰물이 된다.

마음이 산란해지면, 하나님의 이름을 혼잣말로 반복해 불러 본다. 크게 소리 내어 불러도 된다.

기도에 색을 칠한다.

그리고, 색칠하고, 하나님의 이름에 집중하고, 이제 듣는다. 꼭 무언가를 듣지 못할 수도 있다. 다만 이것을 당신과 하나님을 위한 멈춤의 시간이라고 생각해 보자. 시편 46편 10절에서 하나님은 말씀하신다. "너희는 잠깐 손을 멈추고, 내가 하나님인 줄 알아라."

관계란 사람들과 함께 시간을 보냄으로써 생겨난다. 하나님과의 관계도 그렇다.

하나님을 향한 기도를 마쳤다는 느낌이 들 때까지 두들링과 색칠을 한다. 마칠 시점을 잘 모르겠다면, 기도를 시작하면서 타이머를 3분으로 맞춰 놓는다.

 기도는 단지 머리와 가슴의 경험이 아니다. 손과 팔을 움직이고 눈을 사용하면서 온몸이 기도 속으로 초대된다.

하나님과의 시작 그 자체가 목적이다. 특별한 주제 없이 하나님과 함께 시간을 보내는 일은 그 자체로 하나의 기도다. 어쩌면 이것은 지금 당신이 필요로 하는 유일한 기도일지도 모른다. 그렇다면, 깊게 숨을 들이쉬고 "아멘"이라고 말하자. 하나님께 "그럼 이만 안녕히 계세요"라고 가볍게 인사하거나 성경 구절을 암송해 보자.

기도 그림을 잘 챙긴다. 하루를 지내며 그것을 꺼내 놓고 앉아서 하나님께 주의를 집중해 본다. 원한다면 두들링과 색칠을 더해도 좋다. 떠오르는 생각이나 말을 적어도 좋다.

하나님과의 시작 그 자체가 목적이다. 하지만 어쩌면, 다른 기도로 이어지는 서곡이 될지도 모를 일이다.

중보 기도:
다른 이들을 위해 기도하기

나의 첫 색칠 기도는 '중보 기도'였다. 다른 이들을 위해 기도하는 일을 중보 기도라고 한다. '중보'할 때 우리는 하나님께 다른 이들의 삶에 간섭해 주시기를 청한다. 중보 기도는 하나님께서 우리 가족이나 친구들 곁에 계시기를 바라는 일처럼 간단할 수도 있다. 그들의 건강, 안녕, 좋은 관계, 안전, 기쁨을 위해서 말이다. 이러한 기도는 유지관리형 기도maintenance prayer라고 부르면 좋을 것이다. 하지만 이따금 우리는 진지한 하나님의 간섭을 청하기도 한다. 누군가가 현재 삶의 길에서 방향을 바꾸어야 하는 경우다. 육신의 치유를 위해, 부부 간에 화해를 위해, 생계를 위한 취업을 위해, 중독에서 회복되기를 위해. 우리가 기도하는 사람들의 삶이 고장 나 있어서 하나님의 도우심을 구하기도 한다. 이처럼 다른 이들을 위해 기도할 때, 우리는 하나님이 예수님을 통해 우리에게 본을 보이셨던 긍휼에 참여하게 된다.

색칠 기도라는 발상의 일부분은, 당신이 바라는 바를 말하고 그 사람을 하나님의 돌보심에 내어 드리는 시간을 갖는 데 있다. 우리는 다른 사람이 필요로 하는 것이 무엇인지 알지 못할 수 있다. 하지만 우리는 그것을 아시는 힘 앞에 그들을 내어 드릴 수 있다. 기도는 종종 다른 이들을 대신하여 우리가 실천할 수 있는 최고의 행위다.

다른 이들을 위해 기도할 때, 하나님에서 시작하라. 모양을 하나 그리고 그 안에 하나님의 이름을 적는다. 앞장에서 소개한 단계를 따라 진행하면서 하나님께 당신의 기도 시간에 함께해 주시기를 청하라.

 들어가는 기도를 마치면, 심호흡을 한다. 같은 호흡과 강도로 들숨과 날숨을 쉰다.

기도를 언제 멈출지 모르겠다면, 타이머를 이용하라. 나는 주방용 구식 모래시계를 즐겨 쓴다. 시간을 맞춰 두면 좀 더 편안한 기분으로 이 과정을 진행할 수 있다.

주위에 성경 구절을 넣어 본다. '하나님'이라고 써 있는 두들링에 첨가해도 되고 다르게 구성해도 된다.

종이의 다른 공간으로 이동한다. 모양을 하나 그리고 당신이 중보하기 원하는 사람의 이름을 적는다.

그 사람의 이름을 쓸 때, 원하는 대로 간략한 한 줄 기도를 드려 본다. 이를테면, "지금 함께하여 주소서." "나의 마음을 열어 주소서." "듣게 하여 주소서." 아니면 그저 조용히 침묵한다.

어떤 이를 위해 기도할 때, 정직해야 한다. 당신이 정말로 생각하는 대로 말하고, 진정 원하는 것을 기도하되 당신의 기대와 문제의식은 내려놓으라. 그 사람을 하나님

레슬리

하나님

의 돌보시는 손에 내어 드리라. "너의 마음을 다하여 주님을 의뢰하고, 너의 명철을 의지하지 말아라"(잠 3:5). "여전히 고요한 작은 목소리"[5]에 귀 기울이라. 어떤 일들은 우리가 해결할 수 있는 능력 바깥에 있고 어쩌면 우리가 해결할 일이 아닐 수도 있다. 그 사람의 이름을 반복해 부르면서 산만한 생각들을 한데 몰아넣는다. 그 사람의 얼굴이나 전부를 떠올려 지금 마주앉아 대화를 하고 있다고 생각해 보라.

이름에 초점을 맞추고 선, 부채꼴, 점, 나선, 호 등을 활용해 디테일을 더해 준다.

그려진 획과 기호를 분석하려고 하지 말라. 예술적 비평과 내면의 편집자는 내보내자. 이것은 위대한 예술 작품을 창조하는 행위가 아니다. 기도 속에 편안히 깃들어 우리 마음과 생각에 새겨질 시각적 이미지를 만드는 작업이다.

이것을 운동감각적인 즉흥 활동으로, 손가락이 하는 방언 기도 같은 것으로 생각해 보자.

그림에 색을 칠한다. 기억에 남을 만한 색을 고른다. 당신이 특별히 좋아하는 색, 또는 기도할 때 그 사람을 더 잘 떠올리게 할 색으로 칠해 보자.

각각의 선, 호, 점들이 당신이 중보하는 그 사람을 위한 말 없는 기도의 움직임이라고 생각해 보자. 고요한 중에 종이를 스치는 펜과 마커 소리를 즐겨 보라.

그 사람의 이름과 기도 두들링이 모습을 갖춰 가면서 그를 위한 단어나 생각이 떠오를 수 있다. 그 말을 쫓아내지도 말고, 억지로 생각해 내려고도 하지 말라. 생각나는 말이 있다면, 그것으로 기도하라. 두들링 옆에 떠오르는 말들을 자유롭게 적어도 된다. 더 이상 말이 떠오르지 않으면 두들링과 색칠을 계속해 간다.

'꼭 맞는' 색을 고르는 일이 너무 부담스럽다면, 눈을 감고 마카 세 자루를 잡는다(색연필이나 다른 도구도 가능하다). 이 색이 그날 당신의 기도를 위한 색이 된다.

그 사람을 위한 기도와 이미지 작업이 다 되었다고 느껴지면 두들링을 마친다. 심호흡을 하고 말한다. "아멘."

그 사람을 위해 기도한 다음, 다음과 같은 성경 말씀을 한 구절 찾아 읊어 본다. "주님께서는 나를 전보다 더 잘되게 해 주시며, 나를 다시 위로해 주실 줄을 믿습니다"(시 71:21). "우리 영혼이 여호와를 바람이여, 그는 우리의 도움과 방패시로다"(시 33:20, 개역개정). 호흡을 하고 "아멘" 한다. 성경 구절을 읊는 것은 그 사람에게 느끼는 걱정이나 염려를 털어 내는 한 가지 방법이 된다.

그 사람의 어려움과 걱정이 심한 정도라면, 잠시 일어나 몸으로 염려를 털어 내는 동작을 해 보자.

종이의 다른 곳으로 옮겨 간다. 새로운 모양이나 디자인을 그리고 기도 명단에 있
는 다른 사람을 위한 공간을 만든다.

강박적이고 부정적인 생각이 들더라도, 거기에 놀아나지 말라. 그 생각들이 색칠 기
도 속에 푹 잠겨서 당신을 조정하지 못한다고 생각해 보라. "사탄아, 내 뒤로 물러가
라" 하고 뻥 차 버리라.

그 사람을 위한 드로잉과 기도와 해방의 과정을 종이 위에서 여러 번 반복한다.
꾸미고 색을 칠한다. 말로, 혹은 말 없이 기도한다.

E. A.

레슬리

하나님

색칠 기도와 두들링 기도에는 예술적 규칙이 없다. 그저 모양을 그리고 그 안에 한 사람의 이름을 적으면 된다. 또는 이름을 먼저 쓰고 그 주위에 두들링을 해 나간다. 이름을 쓴 다음 주위에 색칠을 해도 된다.

원하는 순서대로 색칠과 드로잉을 하면 된다. 당신의 손과 눈, 가슴이 당신에게 맞는 작업을 인도할 것이다.

때로 나는 한 곳에 두서너 사람의 이름을 써 넣기도 한다. 우리 아이들, 어떤 부부, 함께 여행하는 가족 등.

당신의 색칠 기도에, 한 번에 한 사람씩 이름을 더한다.

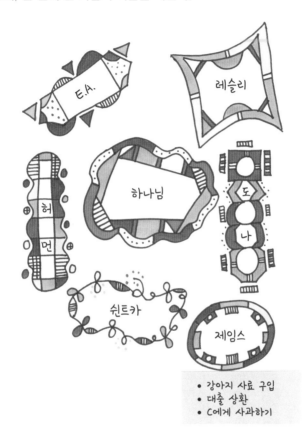

 어떤 지점에서 당신의 생각은 배회하기 시작할 것이다.《명상의 씨》에서 토머스 머튼은 이렇게 말했다. "주의가 산만해져 본 적이 없다면, 당신은 어떻게 기도하는지 모르는 것이다."[6] 산만함은 인간적이다. 불청객을 보고 당신의 기도 수준을 판단하지 말라.

 기도하는 동안 반복되는 생각들이 방해를 하면, '산만함을 위한 주차 공간'을 만들라.[7]

 산만한 생각을 주차하기 위한 상자를 하나 그리거나 점착 메모지를 종이 아래쪽에 붙인다. 주의를 흩뜨리는 것이 해야 할 일들이라면 나중에라도 기억할 수 있도록 그것을 메모해 놓으라.

우리 주의를 흩뜨리는 생각이 때로는 우리 기도가 되기도 한다. 그것은 하나님이 우리 주의를 끄시려고 애쓰시는 것일지도 모른다. 어떤 사람이나 문제가 계속 떠오르면, 그것을 당신의 기도에 포함시키라.

기도를 다 하고 마지막 "아멘"을 말하기 전에, 그려진 페이지를 앞에 놓고 잠시 바라본다. 이름, 이미지, 색이 머릿속에 각인되도록 하라. 그림 속의 사람들을 다시 찾아가 보라. 그들에게 축복의 말을 해 주며 함께 앉아 그들을 둘러싸고 있는 하나님의 사랑

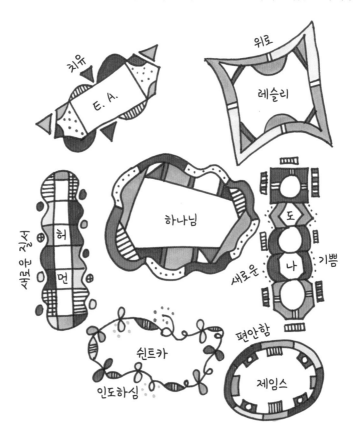

과 관심에 대해 상상해 보라. 그들을 기억하고 생각하기 위한 적당한 말이 떠오르면, 그 사람의 두들링 옆에 그 단어를 적어도 좋다.

 기도를 다 마치면, 그 페이지에 있는 사람들의 짐을 덜어 내는 몸 동작 혹은 말로 하는 활동을 한다. 그들의 문제를 떠나보내겠다는 의도를 가지고 하라.

색칠 기도를 챙긴다. 책상이나 냉장고, 또는 눈에 잘 띄는 곳에 붙여 두라. 머릿속에 잔상이 각인되어 이 사람들을 돌보아 달라고 그날 동안 하나님께 맡겨 드릴 수 있을 것이다. 또한 그들을 위해 걱정하는 대신 기도하기로 한 당신의 선택을 다시 상기시켜 줄 것이다. 당신의 의식으로 염려가 스며들 때마다, 그 색깔과 디자인과 함께 그 사람의 두들링을 마음에 그리고 당신이 기도 가운데 그와 함께 앉아 베풀었던 사랑으로 그들을 감싸라. 그들이 하나님의 임재 안에 있음을 상상하라.

다음 날, 당신은 새로운 기도를 그리고 싶을 수도 있다. 새로 만드는 대신 원래의 것을 몇 가지 방식으로 보완할 수도 있다. 이 기도의 공동체에 다른 이름들을 더 추가하고 두들링을 하라. 당신이 이미 쓴 사람들의 가족이나 친구일 수도 있다. 공간이 허락된다면 그들을 위해 새로운 모양을 그리고 가까이에 그들의 이름을 쓰라.

원래의 그림을 확장하는 또 다른 방법은, 구체적인 기도 제목, 요청, 생각을 그 사람 이름 가까이에 쓰는 것이다. 종이에 기도를 그릴 때 떠오른 말들이 있을 것이다. 기도하는 의식적인 행위를 마친 후에라도, 당신은 머리와 가슴으로 그 사람들을 위해 계속 기도하게 된다. 기도 그림을 다시 볼 때, 당신의 중보 기도는 더 분명하고 명확해질 것이다.

색칠 기도는 그동안 기도 드로잉, 시각적 기도 목록, 두들링 기도, 기도 두들링 등으로 불려 왔다. 내가 좋아하는 이름은 '기도 이콘icon'이다. 이콘은 우리가 하나님을 보도록 도와주는 이미지다. 우리는 그 이미지를 예배하지 않는다. 그렇지만 그것을 통해, 그것을 넘어서 하나님을 언뜻 본다. 이콘이 지닌 어떤 투명성은 우리로 하여금 그것을 통해 하나님을 더 깊이 경험하도록 한다.

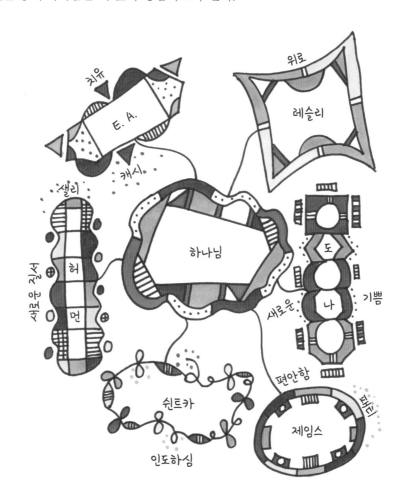

 나는 기도 중에 하나님과 사람들을 선으로 연결하는 걸 좋아한다.

처음 시작하는 이들을 위한 방법들

7

두들링 기도 혹은 색칠 기도는 위대한 예술 작품을 창작하는 것이 아니다. 이것은 집중하여 기도하는 한 방식이다. 하지만 예술적 재능이 부족하다고 생각하는 어떤 이들에게는 두들링조차도 어려운 도전이 될 수 있다. 이번 장에서는 그런 이들을 위해 간단한 시작 방법을 안내하겠다. 당신의 기도에 적용할 수 있는 형식과 틀, 그리고 두들링 아이디어를 실었다. 중보 기도를 예로 들어 설명했으나, 다른 종류의 기도에도 적용할 수 있다.

깃발과 꽃잎 기도

1. 직선 혹은 곡선을 하나 그린다.

2. 이름을 쓸 자리로 깃발 그리고/또는 꽃잎을 그려 넣는다.

3. 두들링은 간단하게 한다. 기호나 획은 두 가지만 정해서 그린다. 호와 선, 원과 사각형, 삼각형과 점, 나선과 지그재그 등을 활용할 수 있다. 다음 그림은 호와 선만으로 완성한 기도다.

동심원 기도

1. 하나님의 이름 혹은 한 사람의 이름을 종이에 적는다. 그 주위에 물결선으로 고리를 그려 준다.

2. 처음 고리 바깥에 물결선을 하나 더 그린다. 그런 다음 바깥에 또 그려도 좋다.

3. 모양을 하나 골라서(사각형, 원, 삼각형 등) 고리 바깥에 반복해서 그린다.

4. 다른 모양을 골라서 원하는 대로 3번 과정을 여러 번 반복한다. 그렇게 기도

는 동심원으로 확장한다.

5. 이 기도 그림을 흑백 상태로 놔둬도 좋고, 색칠을 해도 좋다.

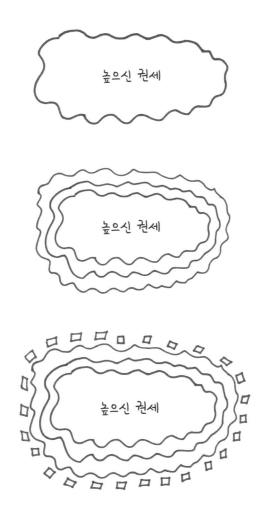

67

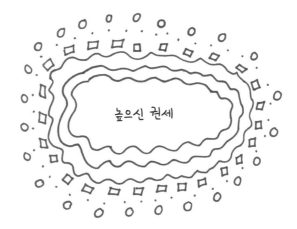

높으신 권세

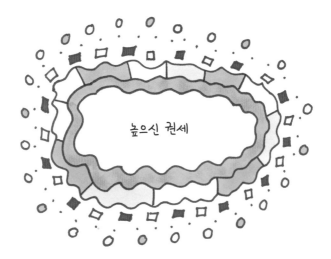

높으신 권세

단일 형태 기도

한 가지 모양을 고른다. 예를 들어, 원을 택한다.

1. 잔, 유리컵, 여러 사이즈의 계량컵 등을 대고 그린다. 원을 여러 개 그린다. 혹은 컴퓨터 프로그램을 이용해 원 모양 템플릿을 만들어 프린트해서 사용해도 좋다.

2. 각 원 안에 이름을 적는다.

3. 기도하면서 간단하게 꾸민다.

4. 흑백 상태 그대로 놔두거나, 일부 혹은 전부를 색칠해도 좋다.

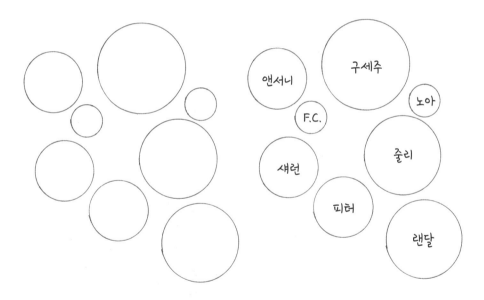

69

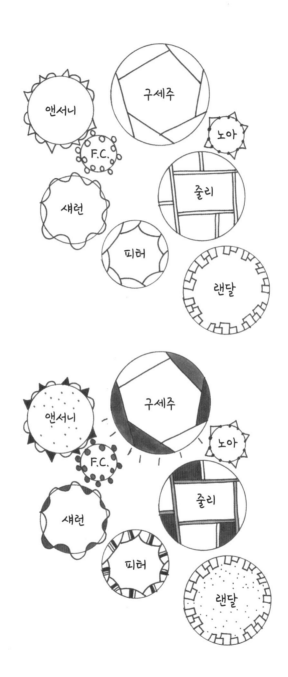

템플릿자(도형자), 스텐실, 자 기도

재미난 모양을 대고 그리면서 시작해 본다. 단순한 혹은 장식적인 스텐실을 이용해도 좋다.[8]

템플릿자(기하학 도형을 그릴 수 있는 플라스틱 자) 또는 보통 자를 이용해서 그려 본다.

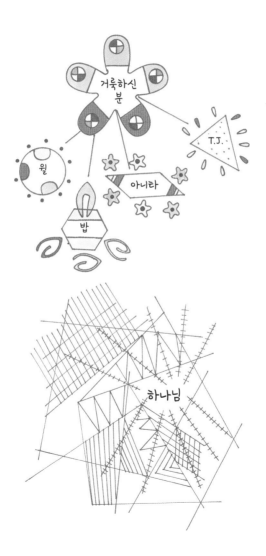

선과 산책하는 기도

1. 하나님의 이름을 쓰고 시작한다. 그 이름 가까이에 펜을 대고 펜이 이끄는 대로 산책을 떠난다. 그 산책길은 소용돌이 모양일 수도, 지그재그 모양일 수도 있다. 걷는 동안 하나님의 이름에 집중한다. 펜이 인도하는 대로 산책하라. 그 길에서 예술적인 비평에 맞닥뜨려도 무시하자.

2. 소용돌이 모양의 길에서 이제 지그재그 모양의 길로 바꾼다. 지그재그 길이 구불구불 길로 바뀌기도 한다. 마치 물결이나 반도의 지형 같은 모양이다. 사람 이름을 넣는다. 펜을 멈추고 그 사람에게 집중한다. 걸음을 좀 쉬고 그 사람을 위해 말로 혹은 무언으로 기도한다.

3. 걷기를 다시 시작한다. 길의 모양을 바꾼다. 기도의 걸음에 다른 이름을 더해 넣는다. 걸음을 멈추고 온전한 침묵과 고요함 속에 쉼의 시간을 만들어 본다.

4. 이어서 계속 걷는다. 모양을 바꾼다. 사람들을 더한다. 펜의 색을 달리해도 좋다.

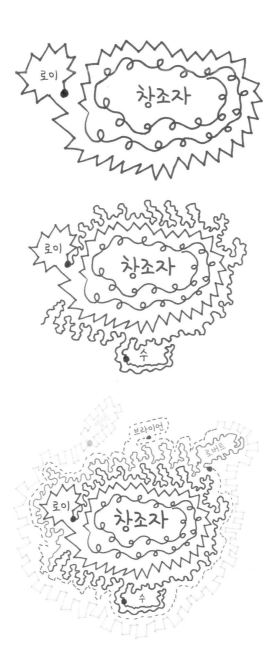

색 조각 기도

　　하나님을 지칭하는 이름을 쓴다. 종이 여기저기에 당신이 기도하는 사람들의 이름을 흩뜨려 적는다. 이름 주위를 한 가지 색 혹은 여러 색으로 죽죽 그어 채운다. 이 기법은 어떤 기술도 필요 없다. 그저 연필, 크레파스, 마카를 왔다갔다 움직이면서 긋기만 하면 된다. 그런데 손으로 이 활동을 하다 보면 가만히 앉아 있게 되고, 사람들을 위한 기도를 드리는 동안 손과 눈이 할 일이 생긴다. 색으로 둘러싸인 이름과 종이 위에 꾸며진 그들의 자리는 그날 하루 동안 내가 그들을 기억할 수 있게 해준다. 나는 기도를 창조하는 손쉬운 방법인 점 찍기와 색깔 조각 만들기를 너무나 좋아한다.

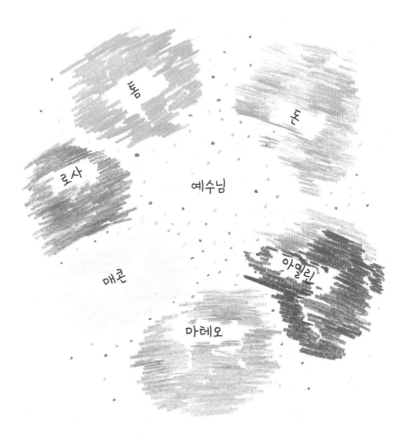

방사형 기도

1. 종이 중앙에 하나님의 이름을 적고 시작한다.

2. 하나님의 이름을 중심에 놓고 뻗어 나가는 직선 혹은 곡선을 그린다.

3. 각각의 선에 U나 V 모양을 여러 군데 그린다. (다른 기호들을 짝을 지어 그릴 수도 있다. 선과 원, 지그재그와 점, 타원과 나선 등.) U와 V 모양은 널찍하게, 뚱뚱하게, 기다랗게, 가늘게, 죽 뻗게, 납작하게 등등 어떤 식으로 그려도 된다.

4. 방사형 모양이 중심에서부터 뻗어 나가는 데 따라, 계속 그려 가면서 이름들을 더하고 그들을 위해 기도한다. 색을 칠한다.

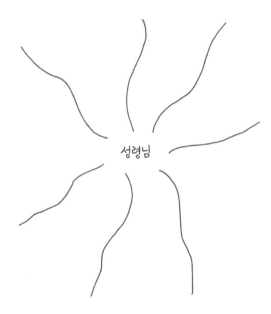

획을 두 가지로 제한해 놓으면 그림을 그릴 때 더 안전하고 경계가 있는 표현 방식을 갖게 된다. 선택지가 좁다면 다음에 뭘 그려야 할지 걱정도 덜 수 있다.

색상 선택을 제한하는 데도 자유를 준다. 나는 눈을 감고, 마커와 색연필통에 손을 넣어 세 개를 집는다. 눈을 감고 선택해서 구성한 색깔들은 내가 평소에 쓰는 색 구성과 꽤 달라서 더욱 기억에 남는다.

글자 기도

이름을 큼직하게 쓴다. 이름 그 자체로 두들링을 한다. 글자 놀이인 셈이다. 글자를 확대하거나 입체로 만들어 보자. 3차원으로도 표현해 보자. 색칠하거나 꾸며 준다.

 이름 가까이에 위로와 치유, 격려의 말을 덧붙여 써 본다.

 방안지를 이용하면 다양하게 꾸미고 배치할 수 있다.

글자, 숫자, 상징을 이용해 기도해 본다. 다음의 기도에 등장하는 젊은 여성은 대학에서 중요한 수학 시험을 앞두고 있었다. 그녀에겐 하나님의 사랑과 수학 기호들로 둘러싼 기도가 잘 맞을 것 같았다. 변수, 무한 기호, 제곱근 기호들이 그녀를 위한 기도처럼 느껴진다.

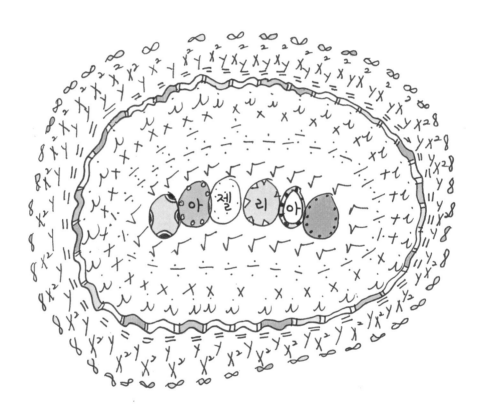

격자 및 달력 템플릿 기도

    격자 또는 달력 템플릿은 훌륭한 기도 프레임이 될 수 있다. 정사각형은 편안한 경계를 만들어 주고 그리는 시간도 절약해 준다.

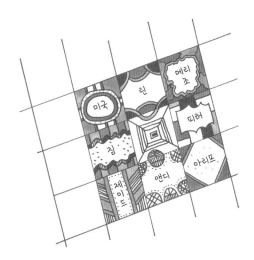

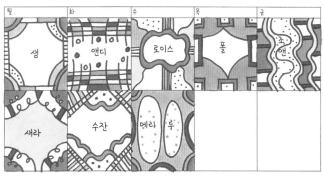

격자 모양을 사용할 때 좋은 점은 이름을 추가할 수 있는 방이 갖춰져 있다는 것이다.

달력 모양은 매일 기도할 수 있도록 도와준다. 중보 기도와 기도 목록을 적는 다이어리인 셈이다.

패치워크 기도

살다 보면 어떤 한 사람, 또는 한 가족에게 마음과 관심을 쏟는 시기가 있다. 한 사람을 위해 그림을 통째로 할애하는 일을 주저할 필요는 없다. 하나님의 패치워크 이미지는 내 아들에게서 얻은 것이다. 아이가 세 살 때였는데, 그 애는 하나님을 지구상 모든 생물의 온갖 피부와 털, 껍질, 깃털을 지닌 모습으로 그렸다. 퀼트 조각 모양은 디자인과 색을 더하기 쉽다.

사실화 기도

현실의 사물들을 그리기를 주저하지 말라. 내 경우는 사실적으로 그리는 재주가 없어서 추상적인 모양의 두들링을 하는 것이다. 표현해 낼 수만 있다면 그리고 싶은 것을 그리라. 손에게 자유를 허하면 종종 재미난 그림을 창조할 것이다.

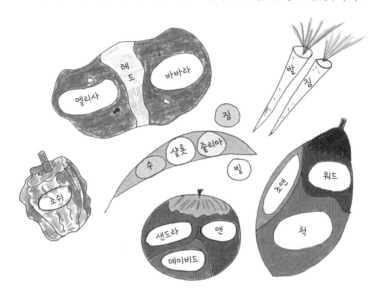

내가 그날 처음 그린 모양이 감자처럼 보여서 모두가 채소 안에 들어가게 되었다. 이렇게 그릴 때 생길 수 있는 단점은, 친구가 당신을 좀 이상하게 볼지도 모른다는 거다.
"오늘 당신을 위해 기도했어요. 당신은 가지 속에 들어 있었죠."
좋은 점은, 내가 중보하는 사람이 누구인지, 그가 종이에서 어느 위치에 있었는지 정말 잘 기억할 수 있다는 거다. 무엇을 그리든 우리에게 중요한 건 시각적인 정보로 기억을 채워 언제든지 생각날 때마다 기도하는 것이다.

'불경하다'는 단어가 내 머리에 떠올랐다. 채소 기도라니, 괜찮은 건가? 중보 기도는 진지하고 엄숙한 작업이다. 하지만 동시에 즐겁고 유희적일 수 있다. 내가 기도할 때, 나는 마음의 짐을 내려놓으려 한다. 절망과 슬픔 대신 가벼움이 그 자리를 채운다.

종이 없는 기도

컴퓨터, 태블릿, 스마트폰으로 기도할 수 있다. 워드프로세서의 그림판 메뉴를 써도 되고, 훌륭한 그림 그리기용 앱이 많이 나와 있으니 그걸 사용해도 된다. 완성한 기도는 그날 또는 그 주 동안의 스크린세이버로 활용한다. 소셜미디어에 공유하여 '기도 명단'에 있는 특정한 사람들을 위해 기도해 달라고 요청할 수도 있다.

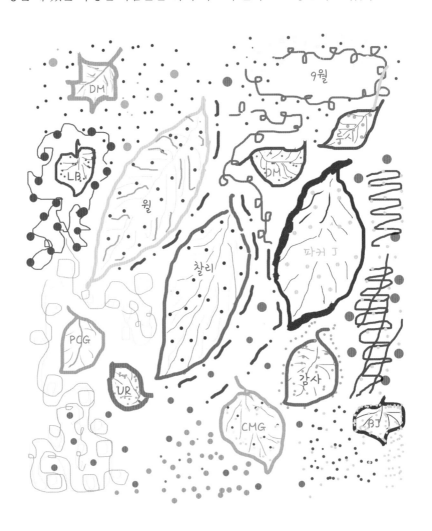

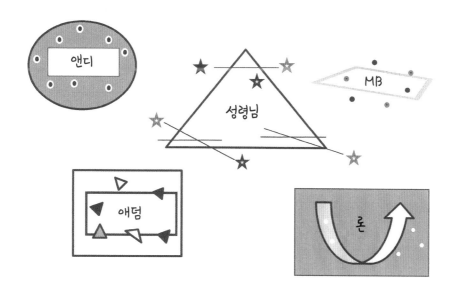

색칠 기도를 하기 위한 다른 형식이나 두들링/그리기 도구가 필요하다면, 컬러링북을 이용해 보라. 마트나 온라인 쇼핑몰에서 잘 찾아보면, 글자를 적고 자유롭게 두들링을 할 수 있는 여백이 충분한 컬러링북이 있다. 2016년에 나는 32장의 컬러링 페이지와 템플릿으로 구성한 《기도와 컬러링》[9]이라는 책을 냈다. 그 책의 컬러링 페이지는 특별히 기도를 위해 디자인했다.

젠탱글Zentangle®도 또 다른 선택지다. "젠탱글 기법은 구조적인 패턴을 그려 아름다운 이미지를 창조하는 작업으로, 배우기 쉽고, 마음이 편안해지며, 재미있다."[10] 이는 릭 로버츠Rick Roberts와 마리아 토머스Maria Thomas가 창안한 기법이다. 색칠 기도를 하는 어떤 분들은 젠탱글에서 배운 구조적이면서도 창조적인 양식을 좋아한다.

기억하라. 컬러링 기도는 미술대회가 아니다. 당신이 기도하는 동안 손을 부지런히 놀리고 몸을 쓰게 하는 한 가지 방법이다. 그 결과로 만들어진 시각 이미지는 당신이 기도하고 또 기도할 수 있도록 상기시켜 주는 기제가 된다. 어떻게 그리고 어떤 도구로 표현하느냐는 중요한 문제가 아니다. 단순하게 흑백으로 그린 기도, 아름답게 표현해 내지 못한 기도, 어울리지 않는 색조합의 기도, 그림 솜씨가 형편없는 기도라도 풍성한 기도 시간을 만들어 낸다. 자신에게 기도와 유희를 허락하라. 하나님이 거기 계실 것이다.

Part 3
다양한 기도들

중보 기도는 기도의 여러 종류 중 한 가지일 뿐이다. 교회는 종종 기도의 주요 형태를 중보(다른 사람들을 위한 기도), 청원(자신을 위한 기도), 고백, 경배, 감사 등으로 설명한다. 작가 앤 라모트^Ann LaMott는 이러한 기도 형식을 단순하게 세 단어로 묶었다. "도와주세요." "감사합니다." "와우."[11] 기도 종류에 대한 아주 훌륭한 요약이다. 교회가 하듯 다섯 종류로 분류하든 앤처럼 세 종류로 분류하든 모두 그 아래에 더 세부적인 부분집합들이 있다. 파트 3에서는 수많은 여러 기도 형태를 살펴보고 색칠 기도를 적용하는 법을 안내하고자 한다.

나 자신을 위한 기도: 청원 기도

때로는 가장 시급한 기도 대상이 '나'일 때가 있다. 우리 자신을 위한 기도를 일컬어 청원 기도라고 한다. 하나님께 나의 의문, 느낌, 걱정을 아뢰는 기도다. 어떤 때는 오늘 하루 또는 가까운 앞날에 대해 기도한다. "어떻게 마감을 맞출 수 있을까요?" "토요일 저녁 식사에 초대한 분들을 위해 따뜻한 분위기를 준비할 수 있도록 도와주세요." "왼쪽 어금니 통증을 어떻게 하면 좋을까요?" 장기적인 걱정거리도 있다. 늙어가는 것, 향후 10년 동안 어디에서 살아야 할지, 어른이 되어서는 어떤 사람이 될지, 어른이 되기는 할지….

내 성격의 단점 또한 언제나 기도 제목이다. 이런 고착된 습관과 성격적 특질은 내가 하나님이 뜻대로 창조하신 모습이 되는 데 방해가 된다. 타인에 대해 못 참는 것, 고질적인 불평, 말하기 전에 생각하지 않는 버릇, 꼰대처럼 행동하는 이들을 업신여기는 것, 나와 다른 사람들을 두려워하는 것 등은 평생 고민하는 문제들이다. 여기에는 지속적인 주의가 필요하다. 그래서 나는 하나님께 치유와 정화를 구하며 이 문제들을 항상 올려 드린다.

자신을 위해 기도할 때는, 자기 이름을 쓰거나 '나'라고 적는다. 당신의 청원, 문제, 질문을 놓고, 중보 기도할 때와 같은 식으로 두들링을 한다. 하나님께 나누기 원하는 단어들을 쓴다. 성격적 단점, 염려, 질문 등. 나는 단어를 적은 다음 날짜를 함께 쓴

87

다. 완성된 그림은 기도 수첩의 첫 장처럼 보인다. 억지로 말을 짜내지는 말라. 두들링을 하고 귀 기울이는 것만으로 충분한 기도가 될 때도 있다.

 그저 당신의 이름을 쓰고 하나님의 고요한 임재가 당신을 둘러싸도록 하라.

 나는 먼저 이 템플릿을 그린 다음 단어와 색을 더했다. 새로운 기도와 말들을 위해 빈 공간을 남겨 두었다.

불평하는 기도

9

하나님은 우리가 무슨 기도를 들고 가든 감당하실 수 있으시다. 어떤 때는 우리의 모든 불평, 징징댐, 심술, 고통을 모조리 하나님께 던져 버리고 싶다. 시편은 불평과 탄식의 시구로 가득하다. 그러므로 우리도 한번 해 보자. 종이에 당신의 불평을 적을 공간을 마련한다. 진행 방식은 다른 이들을 위해 기도할 때와 마찬가지다. 억지로 참지 말라. 하나님은 우리의 오물을 거두어 가셔서 퇴비로 바꾸실 수 있는 분이다. 하루 동안, 한 주 동안, 또는 한 달 동안 그 기도를 붙잡으라. 그러고 나서 퇴비 더미를 얻었다면 거기 묻으라. 그 기도에서 어떤 기름진 결실이 나올지 누가 알겠는가? 그 기도를 붙들라. 때로 불평은 행동의 원동력이 된다.

하나님께 심술부리고 징징대도 좋다고 스스로에게 허락하면 우리 기도는 더욱 진정성 있게 된다. 게다가 다른 사람들에게 불평을 덜 하는 데도 도움이 될 것이다.

이런 유의 기도가 당신에게 죄책감이나 불편함을 준다면, 그 뒤를 이어 '만족한' 기도를 하라. 우리가 불만이 있거나(기분이 나쁨) 불평하는 동시에 만족하거나(기분이 좋음) 마음이 편안할 수 있음을 인정하는 것은 정직한 기도다.[12]

"나는 쏟아진 물처럼 기운이 빠져 버렸고 뼈마디가 모두 어그러졌습니다. 나의 마음이 촛물처럼 녹아내려, 절망에 빠졌습니다. 나의 입은 옹기처럼 말라 버렸고, 나의 혀는 입천장에 붙어 있으니, 주님께서 나를 완전히 매장되도록 내버려 두셨기 때문입니다···. 그러나 나의 주님, 멀리하지 말아 주십시오···"(시 22:14-15, 19).

감사와
만족의 기도

10

만족하는 기도와 불평하는 기도는 많은 경우 뗄 수 없는 관계다. 우리는 우리가 신뢰하는 하나님께 감사하는 동시에 투덜댈 수 있다. 불만 목록을 만들고, 그다음에는 감사 목록을 만들어 보는 일은 하나님과 솔직하고 친밀한 관계를 갖기 위해 노력하는

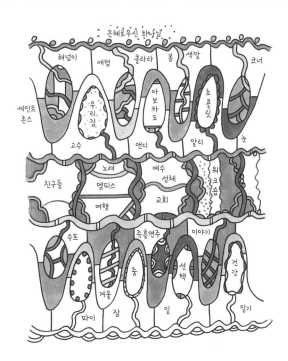

91

한 방법이다. 시각적인 감사 기도를 만들어 보자. 감사 두들링으로 종이를 채운다. 이것을 매일 기도로 계속 활용할 수 있다. 단순하고 일상적인 일들뿐 아니라 우주적이고 심오한 것들에 대해 감사를 표현해 보자.

솔직히 말하면, 나는 감사 기도와는 복잡한 관계였었다. 감사 목록을 만드는 일은 때로는 나쁜 아이가 받는 벌처럼 느껴졌다. 어릴 때부터, 우리 가족과 친구들은 나에게 이렇게 말하곤 했다. "불평은 그만 하렴. 앉아서 네가 감사해야 할 것들을 모두 적어 봐." 이런 제안(혹은 명령)을 받으면 나는 큰소리로 투덜댔다. 내가 태도를 고칠 필요는 있었을 것이다. 하지만 사람들은 내 불평이 위협적이고 불편하다는 이유로 나를 고치려고 했다. 늘상 불평하는 이들의 소리를 들어 주는 일이 지루한 것은 분명하다.

자리에 앉아서 감사 목록을 쓰라는 것은 나쁜 조언이 아니었다. 그러나 그 일은 너무 의무적이고 싫게 느껴졌다. 화장실 청소처럼 하기 싫은 심부름 같았다. 혹은 유언장처럼 무거웠다. 만약 누군가가 특히 어떤 친척이 내게 "종이에 수많은 감사의 두들링을 채워 보렴"이라고 했다면 아마 나는 밀쳐 내며 불평을 쏟아놓았을 것이다. 아니면 억지 감사 기도를 할 것이다. 내가 '마땅히' 감사해야 할 것들, 그러나 그 순간에는 감사한 일인지 알지 못했던 것들을 가지고. 솔직한 친구, 음정이 맞지 않는다고 지적하는 지휘자, 원고의 한 단락을 다시 쓰게 하는 편집자, 정든 터전을 떠나 새로운 곳으로 가는 이사, 늘 불만투성이라고 나를 지적하는 친척…. 그 순간엔 도저히 즐거워할 수 없었지만, 돌이켜 보면 거의 언제나 행복한 기억들이다.

나는 앤 보스캠프 Ann Voskamp가 그녀의 아름다운 책《천 개의 선물: 진정 중요한 일들에서 기쁨을 찾기》에서 전해 준 지혜에 감사한다.[13] 앤은 친구에게서 배운 어떤 모험을 설명한다. 바로 자신이 좋아하는 것 천 개의 목록을 만드는 일이다. 그녀는 그 목록을 작성했다. 앉은 자리에서 한 번에 한 것도, 하루 만에 한 것도 아니다. 그것은 지속해 온 기도였고 관찰하는 연습이었다. 나로서는 이건 약간 다른 관점에서의 감사 기도다. '내가 좋아하는' 구체적인 것들을 명명하는 일은 의무로 느껴지지 않는다.

그것은 내 감각을 열고 인생의 기쁨을 주는 내 곁의 원천을 인정하라는 초대다. 이 목록은 심오하거나 인생을 바꿀 중대한 사건일 필요는 없다. 하찮은 것일 수도 있고, 덧없는 것일 수도 있다. 다른 사람의 인정을 받을 필요도 없고 마땅히 감사해야 할 일일 필요도 없다.

나는 좋아한다.

베란다 식물에 물 주는 일을

층층나무에 앉은 홍관조를 보고 까악까악 우는 큰어치를

거품이 약간 있는 하루의 첫 커피 한 잔을

청록색 화분에 무성하게 심긴 바질 화분을

나의 자홍색 마카를

사순절 동안 꽃을 활짝 피우는 45년 된 크리스마스 선인장을

새벽 네 시 화물 열차의 기적 소리를

두들링을

'만족'이란 말을

'내가 좋아하는 것' 목록은 '감사 목록'보다는 그 무게감이 좀 가볍게 느껴진다. 그 목록에서 어떤 것들은 피상적으로 보일 수도 있지만, 그것들을 명명하고 두들링하는 일은 피상적이지 않다. 거기에는 대단한 의무감이 없다. 기쁨과 풍성함에 대한 의식이 있을 뿐이다. 나는 내가 좋아하는 간소하고 작은 것들이 얼마나 많은지 줄곧 놀란다. 열흘 동안의 파리 여행에 대해서는 무한한 감사를 느낀다. 그러나 초콜릿과 레몬을 사러 반 마일 거리의 식료품점에 가는 30분의 산책도 나는 좋아한다. 사진도 남기지 않고 멋진 식사를 하지도 않았지만, 손에 장바구니를 들고 한 걸음씩 걷는 기쁨이 좋을 뿐이다.

지적 자만, 내 콤플렉스와 역설적인 성격에 대한 거짓 겸손으로, 나는 내가 고질적으로 불만이 많고 고질적으로 감사하는 사람이라고 말한다. 하지만 앤 보스캠프가 그녀의 책에서 한 고백은 나를 반성하게 한다. "나는 고개를 까딱하고 무표정하게 말할 수도 있다. '나는 모든 것에 감사해.' 그러나 이렇게 선물을 헤아려 보면, 천 개를, 아니 그 이상을 세다 보면 깨닫는 것이 있다. 내 삶의 모든 것이 감사하다는 엉성한 붓질을 하면서 정작 내가 깊이 감사하는 일은 별로 없다는 것이다."[14]

내가 좋아하는 것들에 주목하고 시각적인 두들링으로 기억할 때, 그것들이 축적되어 거대한 벽화가 된다. 지난 며칠과 몇 주를 뒤돌아보면, 나는 마법의 카페트를, 초원을, 내 발밑에 펼쳐진 감사의 길을 본다. 한 번에 한 땀씩, 꽃 한 송이, 돌멩이 하나씩을 놓아 온 길이다. 앞을 바라보면, 빈 캔버스가 있다. 그것은 인생의 작은 선물들로 채워지기를 기다리고 있다. 지금 내 곁의 선물들에게 이름을 지어 주는 일은 미래의 보물을 약속하고 나의 고질적인 걱정을 달래 준다.

고마움과 감사의 기도는 실제로 불만과 성마름에서 편안함과 기쁨으로 내 태도를 바뀌게 한다. 그렇다면 다시는 불만을 갖지 않을까? 물론 아닐 것이다. 날마다, 어쩌면 10분마다 나는 다시 불만을 느끼겠지. 그건 내 존재의 일부다. 작은 일에 대한 불만이 그리 나쁜 것만은 아니다. 걱정이 그렇듯, 그건 어떤 시작 지점이 된다. 집 안의 잡동사니와 내 머릿속의 잡동사니들은 나를 괴롭게 한다. 짜증이 나고 강박이 생긴다. 그 잡동사니에 대한 불만이 나를 움직여 외부와 내부의 삶을 단순하게 정리하도록 할 것이다. 그러나 한편, '내가 좋아하는 것'으로 그려진 벽화는 정신적·물질적인 잡동사니 더미에서 놀라운 조각들을 발견해 내는 매의 눈을 준다. '내가 좋아하는' 것들의 목록은 불만이라는 쓸모없는 악순환을 멈추게 한다. 파멸과 냉소로 전체적인 상황을 보는 시각을 돌려 구체적이고 조그마한 기쁨의 스케치로 포트폴리오를 채우게 한다. 내가 좋아하는 작은 것들의 이름을 늘려 가는 일은 실상 영적 변화다. 그런데 순전한 재미이기도 하다.

추수감사절 식사 후 그룹 감사 활동으로 이렇게 할 수 있다. 종이, 펜, 마카, 크레용을 나누어 준다. 참여자들은 손을 대고 따라 그린 다음 그 모양으로 칠면조 형태를 만든다. 손 그림에 선, 원, 호 등을 이용해 여러 구획을 만든다. 자리를 골라서 그 안에 감사 내용을 쓴다. 세부 장식을 한다. 여러 색과 기호를 더해 가면서 이 감사 그림을 마음껏 꾸민다. 다른 자리로 옮겨서 감사 제목을 적고 반복한다. 그렇게 하다 보면 감사의 패치워크로 된 칠면조가 완성된다. 어른도 아이도 할 수 있는 활동이다. 유아들은 큰 아이들이나 어른들의 도움을 받아서 쓰면 된다. 아니면 감사 칠면조를 색칠하는 활동에만 참여해도 좋다.

경배와
찬양의 기도

11

경배는 하나님을 예배하고 찬양하는 시간이다. 먼저 하나님을 설명하는 단어, 구, 이름들을 쓴다. 하나님께 존경과 사랑과 헌신을 고백하라. 이는 하나님께 드리는 밸런타인데이 카드다. 수줍은 성격이라면 하나님께 직접적으로 "사랑합니다"라고 말하는 일이 어렵고 불편할 수 있다. 말로 표현하기가 어렵다면, 색을 칠하면서 이를 하나님을 향해 흔드는 플래카드 또는 하이파이브를 보내는 일로 생각해 보라. 아니면, 하나님을 위해 아름다운 작품을 그리고 있다고 상상해 보자.

혹시 하나님에 대해 어떻게 느끼고 생각하는지 잘 모르겠다면, 당신이 경외감과 경이로움을 느껴 본 사물이나 장소를 떠올려 보라. 말을 억지로 짜내려고 하지 말라. 그저 그리고 색칠하고, 예상 밖의 생각이 떠오르는 대로 마음을 열어 보자.

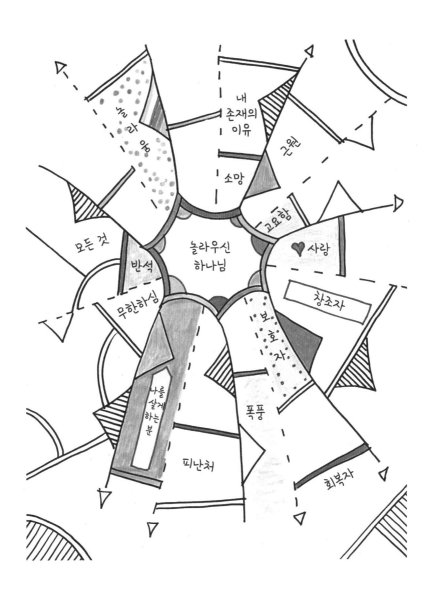

고백과
뉘우침의 기도

고백은 후회하는 일들에 이름을 붙이고 그에 대해 용서를 구하는 일이다. 나는 생각나는 대로 그때그때 하나님께 "죄송해요"라고 자주 말한다. 그렇게 나의 후회와 죄들을 머릿속에서 또는 입으로 고백한다. 그러고 나면 내가 어떻게 실패했었는지를 금세 잊는다. 하나님의 용서를 받아들이거나 다음 단계에 대해 귀를 기울일 만큼 충분히 기다리지도 않고 말이다. "일어난 일 그리고 아직 저지르지 않은 일"(*The Book of Common Prayer*, 393)에 대한 정신적 고백은 찰나에 지나가고 의식에서 사라진다. 나는 스스로 자유로워지고 하나님과 해결할 일도 없다. 그러나 그 신속한 고백의 근원은 다시 나타나곤 한다.

뉘우침의 기도를 할 때 나는 중보 기도를 할 때와 같은 방법으로 두들링 기도를 한다. 특정한 일을 적고, 그 주위에 두들링과 색칠을 하고, 잠잠히 앉아 있는다. 하나님의 임재와 정화가 그 일들과 나를 감싸고 흘러들 수 있게 한다. 세세한 내용이 떠오르면 그것을 적는다. 이 일들에 이름을 붙이고 그 주위를 기호와 낙서와 색깔로 채운다. 그러면 고백의 과정에서 쉽게 빠져나오지 못한다. 당혹감과 죄책감에서 벗어나는 일은 내 머릿속에서 떠다니다 흘러나오는 고백처럼 쉽지는 않다. 고백의 두들링으로 가득 채운 페이지는 하나님께 도움을 청할 것을 상기시키는 시각 장치다. 내가 변화시킬 수 있는 일들은 행하고 하나님만이 바로잡아 나를 자유롭게 하실 수 있는 일들은 내려놓을 수 있도록 말이다. 고백 기도를 드릴 때면 종종 안도감을 느낀다. 나는 용서를 청하고 있을 뿐 아니라, 책임질 수 있게 해 달라고 구하고 있다. 내가 그 일들을 수습하고 변화하는 과정에서 하나님께서 도와주시기를 원한다.

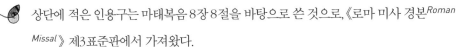

상단에 적은 인용구는 마태복음 8장 8절을 바탕으로 쓴 것으로, 《로마 미사 경본*Roman Missal*》제3표준판에서 가져왔다.

오늘 할 일 목록
기도

할 일 목록이 머릿속에서 이리저리 떠다니든 종이에 적혀 있든, 그 일들을 두들링 기도로 드려 보라. 기도할 만하지 않아 보이는 일들도 있다. 빨래나 은행 업무, 인터넷 통신사에 전화하는 일 등. 그런데 이런 일들도 좌절감을 안겨 줄 때가 있다. 아이들이 양말을 뒤집어서 내놓는다. 은행의 드라이브인 라인이 너무 길고 비효율적이다. 통신사 상담원이 내가 문의하는 케이블 시스템 문제를 이해하지 못한다. 겉보기에 단순한 이런 상황들은 속으로나 겉으로 내뱉는 불평으로 바뀔 수 있다. 빨래를 하며 골을 낸다. 상담원에게 퉁명스럽게 대한다. 그에게 고함을 지르고 싶다. 그런데 이런 일에 앞서 미리 기도를 하면 적어도 나에게 경고가 되어 준다. 섣불리 짜증을 냈다가는 나의 하루를 망치고, 그저 맡은 일을 할 뿐인 누군가의 하루도 망칠 수 있다고 말이다. 나의 하찮은 할 일 목록이, 작은 기도에 적셔지면, 친절함으로의 초대가 된다.

　　그 '작은' 일들을 기도 템플릿의 조그만 공간에 쓴다. 좀 큰 공간은 할 일 목록에서 더 중요한 일들을 위해 남겨 둔다. 예를 들면 일터에서의 프레젠테이션, 중대한 재판의 배심원 의무, 장난꾸러기 유아 다섯 명과 집에서 놀아 주기, 너무나 원하고 필요로 하는 일자리 면접, 몇 달 동안 계속되는 기침 때문에 먼 길을 이동해 방문할 병원 등이다. 항공사나 통신사 상담원과 통화를 할 때는, 수화기 저편에 있는 사람을 위해 기도하라. 일과 관련하여 느끼는 감정이나 염려를 당신의 말로 써 보라. 하나님이 당신의 오늘 할 일 목록에 스며드시도록 하라.

나는 할 일 목록을 매일 사용하기 때문에, 미리 그려 놓은 템플릿을 여러 장 복사해 두고 쓴다. 저마다 다르게 두들링과 색칠을 하면 매번 새로운 기도가 된다.

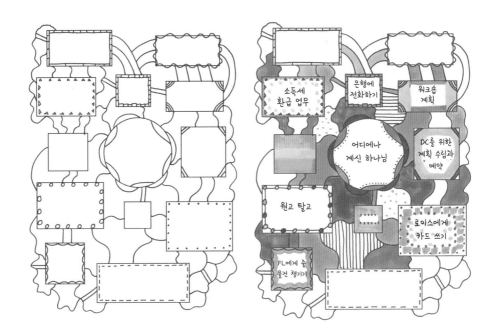

매일의 재고 조사:
성찰

할 일 목록 기도와 논리적으로 짝이 되는 기도는 밤에 드리는 영적 재고 조사다. 하나님이 사랑으로 응시하시는 밝은 빛 가운데 하루를 살피는 방법이다. 이를 특별한 이름으로 성찰Examen이라 일컫는다. 성 이그나티우스는 예수회의 창시자로, 500년 전에 이 일일 수련을 소개했다(하루에 두 번 할 수도 있다). 어떤 회사가 재고 조사를 할 때 잉여분과 부족분을 모두 확인하듯이, '성찰'은 우리로 하여금 하나님과의 관계에서 연결과 단절의 경험을 기억하고 다시 방문해 보라고 청한다.

나는 이것을 180도 기도라고 생각한다. 먼저 뒤를 돌아보고 당신이 오늘 걸어온 길을 살펴본다. 그리고 나서 앞을 향해, 새날과 갈길을 바라본다.

일일 성찰을 위한 기본 5단계를 이렇게 구성해 보았다.

하나님의 임재를 청한다.

그날 하루로 인해 감사를 드린다.

당신의 하루를 돌아보면서 하나님과 연결되었다고 느낀 것은 언제인지, 하나님과 단절되었다고 느낀 것은 언제인지에 초점을 맞추어 본다. 세부 사항뿐 아니라 당신의 느낌에도 주목하라.

🐚 특별히 와 닿았던 연결 혹은 단절의 경험을 선택하여 그것에 집중하며 기도해 본다.

🏵 다음 날을 내다보고 하나님의 이끄심과 인도를 구한다.

일일 성찰은 우리 삶이 하나님과 떨어질 수 없음을 알게 해 주는 훈련이다. 이는 매일의 여정에서 늘 그분과 동행하라는 하나님의 요청에 '예'라고 응답하는 것을 가르쳐 준다.

색칠 기도를 이용하여 성찰 기도나 일일 재고 조사를 하려면, 다음 다섯 단계를 따라 해 보라.

🐚 하나님 이름 두들링으로 시작한다. 하나님의 음성을 들을 수 있는 열린 영혼을 구하라. 시편 139편 23절 말씀은 성찰 기도를 시작하기에 좋다. "하나님, 나를 샅샅이 살펴보시고, 내 마음을 알아주십시오. 나를 철저히 시험해 보시고, 내가 걱정하는 바를 알아주십시오"(시 139:23). 기도하고, 그리고, 색칠하라.

🐚 감사 두들링을 만들어 보자. 오늘 하루에 있었던 감사한 일들을 쓴다. 그런 다음 그림을 그린다. 당신이 생각하지 못한 것들에 귀를 기울인다.

🏵 하나님과 연결된 경험, 단절된 경험들을 담은 모양들을 더해 준다. 그 경험들을 설명하는 단어나 짧은 어구를 두들링 가까이에 적는다. (기억이 잘 안 난다면 당신의 할 일 목록을 보자.) 그리고, 색칠하고, 생각하고, 귀 기울이라. 떠오른 인상이나 느낌을 적는다.

🐚 종이를 바라보며 3단계에서 택한 경험 중 주목을 끄는 것이 있나 보라. 수긍이 되면 시간을 더 들여 잠잠히 있어 본다. 감사, 고백, 합당한 경배의 기도를 드리라. 더 떠오르는 생각, 말, 감상이 있으면 그 페이지에 쓰라. 색칠하고 귀 기울인다. 이 과정을 반복한다.

다가오는 하루를 위한 인도하심을 청하라. 내일의 할 일 목록 또는 어쩌면 내일의 '어떻게 지낼까' 목록에 들어갈 내용이 무엇이 있을지 귀 기울여 보라. 이를 종이의 빈 곳에 적거나 점착 메모지에 써 붙인다. 심호흡을 한다. 이렇게 말하고 마친다. "감사합니다." "아멘."

이렇게 모양과 두들링과 색칠하기로 영적 재고 조사를 하면 자신의 생각을 이해하고 정리할 수 있다. 나는 이렇게 그린 것들을 하나님에 대한 내 경험을 기록한 그림 일기로 보관한다.

우리 대부분에게 일일 성찰은 너무 부담스럽고 현실적으로 어려운 일이다. 주간이나 월간 훈련으로 시도해 보자. 아마도 더 큰 종이가 필요할 것 같다!

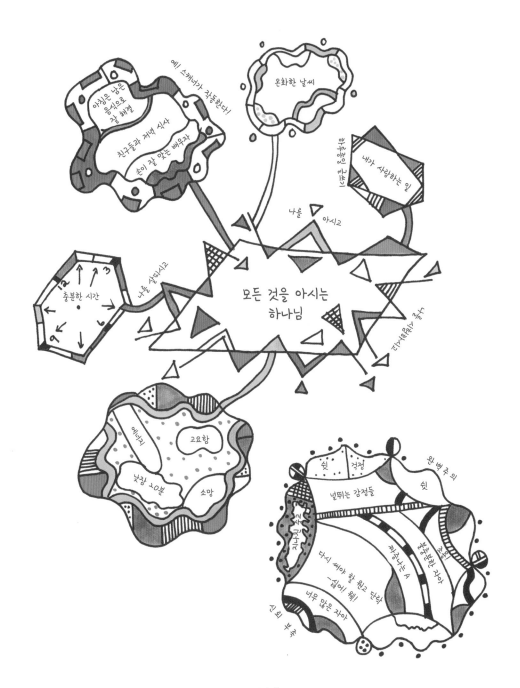

뒤죽박죽 기도

15

당신도 나처럼 기도한다면, 당신의 기도 대부분은 마음속과 머릿속에 든 것들이 모두 뒤죽박죽인 상태일 것이다. 한자리에서 나는 다른 사람을 위해, 나 자신을 위해, 후회하는 일들에 대해, 감사한 일들에 대해, 그리고 하나님의 위대하심에 대해 기도한다.

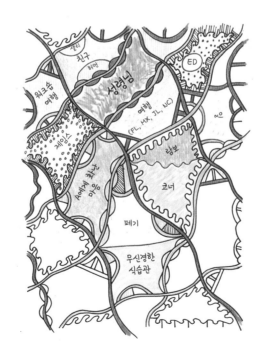

하나님과
머무는 기도

그저 아무 목적 없이 하나님과 함께 있는 시간을 만들자. 하나님에 대해 알고 있는 많은 이름 중 하나를 쓴 다음 두들링을 시작한다. 호흡한다. 말들을 소거한다. 수신 모드로 주파수를 맞춘다. 하나님의 임재 안에 있다는 즐거움을 만끽한다. 마치 당신이 사귀고 싶은 친구나 어떤 이와 함께 있는 것처럼.

내 영혼아,

잠잠히 하나님만 기다려라.

내 희망은

오직 하나님에게만 있다(시 62:5).

사랑하는 분

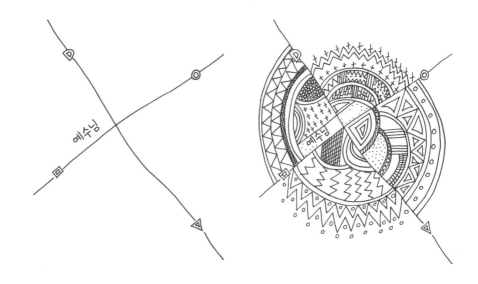

위의 기도는 두 직선을 교차함으로 시작했다. 중심에서 바깥 쪽으로 모양과 두들링을 채워 나간다. 이 기도의 의도는 거룩하신 분과 잠잠히 함께하는 시간이다. 두들링 기도는 그저 흑백으로도 가능하다는 걸 기억하시길. 어떤 색도 필수는 아니다.

하나님과 대화하라. 두들링으로 대화를 시작한다. 말을 억지로 떠올리려고 하지 말라. 하고 싶은 말이 있다면, 하라. 그것을 종이에 적어도 좋다. 말이 고갈되면, 그리기를 계속하고 입은 다문다. 하나님과 함께하는 이 시간이 말과 침묵 사이에서 밀물과 썰물처럼 오가게 해 보라. 하나님께 쑥스러움을 느끼는 한 사람으로서, 나는 단어와 생각, 청원, 질문, 찬양을 모을 시간이 필요하다. 그림을 그리면 단어들이 떠오를 때까지 기다릴 수 있고, 침묵 중에도 초점을 유지할 수 있다. 떠오른 말들, 그리고 내가 들었다고 생각한 말들을 쓰는 일은 하나님과 나눈 대화의 기록이 되며, 나중에 쓸 자료도 된다.

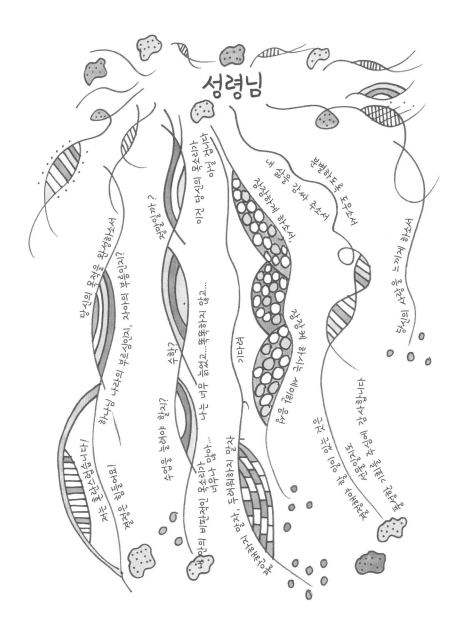

111

축복 기도

축복 기도에서는 어떤 사람을 정하여 그에게 특정한 좋은 일들을 베풀어 달라고 하나님께 청한다. 이 기도를 할 때면 그 사람에게 무언가 성스러운 기름을 붓는 느낌이 든다. 하나님의 사랑을 전하는 대리인의 행위를 하는 것 같다. 유명한 축복 기도 중 하나가 민수기에 나온다.

> 여호와는 네게 복을 주시고 너를 지키시기를 원하며
>
> 여호와는 그의 얼굴을 네게 비추사 은혜 베푸시기를 원하며
>
> 여호와는 그 얼굴을 네게로 향하여 드사 평강 주시기를 원하노라(민 6:24-26, 개역개정).

이 두들링 기도를 할 때, 성경에 나오는 축복 기도를 활용해도 되고 당신의 언어로 해도 된다. 나는 축복의 말, 그림, 색칠을 번갈아 가면서 한다. 두들링을 하다가 새로운 말이 떠오르면, 그 말들을 위한 자리를 마련한다. 생일이나 결혼을 축하하며, 그리움의 표시로, 건강을 비는 메시지로 사람들에게 축복 기도를 즐겨 보낸다.

다음의 축복 기도는 암 투병을 하는 젊은 엄마를 위해 드린 기도다.

케이트

원수를 위한
기도

다른 사람을 위한 기도, 즉 중보 기도는 환대의 행위다. 그것은 우리 마음과 생각의 문을 열고 우리 의식 속으로 사람들이 들어오도록 승인하는 일이다.

우리는 그들이 잠시 체류하도록 초대하고 우리의 감정과 생각에 간섭하는 것을 허락한다. 주말에 온 손님을 대접하는 일처럼, 다른 이들을 위해 기도하는 건 시간과 에너지를 요한다. 그것은 이렇게 말하는 것과 같다. "그럼요. 저는 어려움과 고통 가운데 있는 당신 곁에 함께할 거고 당신을 돕겠습니다." 원수를 위해 기도하는 것은 중보 기도의 독특한 형태. 여기엔 용기와 항복이 필요하다. 어쩌면 약간의 무장도 필요하다.

예수님은 우리에게 말씀하셨다. "너희의 원수를 사랑하여라. 너희를 미워하는 사람들에게 잘해 주고, 너희를 저주하는 사람들을 축복하고, 너희를 모욕하는 사람들을 위하여 기도하여라"(눅 6:27-28).

원수를 위해 기도하는 것은 예수님이 실천하신 급진적인 환대의 또 다른 예시였다. 그분은 품성과 직업이 미심쩍은 사람들을 초대하셔서 함께 식사를 하셨다. 그분은 한 여자가, 그것도 수상한 여자가 자신의 발을 씻기고 기름으로 닦는 것을 허락하셨다. 그분은 부정한 이들을 만지시고 치유하셨다. 우리라면 거리에서 눈도 안 마주쳤을 남자와 여자와 아이들에게 자신의 마음을 여시고 생명을 주셨다.

친구들과 사랑하는 이들을 위해 기도하는 일은 기본이다. 같은 종류의 환대를 원수에게 베푼다는 건 만만치 않은 일이다. 짜증나는 사람들, 우리에게 상처를 준 사람들, 싫은 사람들, 심지어 혐오스러운 사람들을 위해 기도하는 일은 어렵다. 우리는 그들에게 기도라는 성스러운 사적 영역을 허락하는 일은 고사하고 그들을 생각조차 하고 싶지 않기 때문이다. 우리는 원수를 피하고 싶다. 그들의 존재를 잊고 싶다. 그들의 이름을 입에 담는 것조차 그들에게 허락하고 싶지 않다. 환대는 언감생심이다.

몇 년 전 우리 부부는 새로운 동네의 새 집으로 이사를 했다. 우리 이웃은 전통적인 의미에서 환대의 총체와도 같은 분이었다. 그녀는 우리가 도착한 지 몇 시간도 안 되어 브라우니를 가져왔다. 공구를 빌려 주고, 음식을 건네고, 뒤뜰에 있는 라운지 의자도 주었다. 환영받는 기분은 물론, 이사로 인한 짜증을 달래 줄 만한 모든 것을 주었다.

이사 후 첫 주간에, 나는 그 집에 오는 사람들의 행렬을 보았다. 그녀는 '프란체스코 제3회' 기도 모임의 주최자였고, 사회정의위원회 회의도 주관했다. 하지만 나는 그녀가 자신의 삶에 누구를 초대했는지 미처 알지 못했다.

이웃 여자의 고모할머니는 94세에 강간과 살인을 당하셨다. 절도범이 든 자신의 아파트에 들어갔다가 여러 차례 흉기에 찔리셨다. 범인은 1급 살인죄로 사형을 선고받았다. 40년이 넘도록 그는 죽음의 대기선에 있었다. 40년이 넘는 시간 동안 이웃 여자는 그를 위해 기도했고, 기도는 그와 소통을 시작하도록 이끌었다. 그 세월 동안 이들은 편지를 주고받았다. 그녀는 주 교도소에 있는 그를 방문했다. 그리고 그녀의 독려로 그는 시를 쓰고 출판하게 되었다.

환대는 그녀의 인생을 바꾸었다. 그녀는 그 사건을 머릿속에서 지워 버리기로 선택할 수도 있었다. 사랑하는 친지를 살해한 그 사람을 향한 정당한 적개심을 쌓아 올 수도 있었다. 그러나 그녀는 그러지 않았다. 그녀의 기도와 노력으로 사행 집행은 수차례 유예되었고 재판결 심리를 이끌어 냈다. 양자역학의 관점뿐 아니라 기독교적 관점에서도, 우리가 관찰자로서 무언가를 어떻게 바라보는지는 그 관찰 대상을 변화시킨다. 하나의 쿼크quark, 하나의 원자, 혹은 한 사람을 그저 바라보는 것만으로 우리는 그들을 바꾼다. 어떤 사람을 하나님의 자녀로 보고 그를 위해 기도하는 일은 우리가 기도하는 그 대상과 우리 자신을, 계획하고 예측할 수 없는 방식으로 변화시킨다.

마카와 펜을 쓴다고 해서 다른 기도 실천에 비해 원수를 위한 기도를 더 쉽게 할 수 있는 건 아니다. 편안하고 재미있는 느낌이 들지는 않을 것이다. 당신이 싫어하는 사람의 이름, 혹은 "당신을 악의적으로 이용하고 박해하는 사람"(마 5:44, NKJV)의 이름을 쓰는 것은 큰 한 발짝이 될 수 있다. 당신은 괴로울 것이다. 말로 하는 기도와는 달리, 이름은 한 번 쓰면 과거 속으로 사라지지 않는다. 그것은 종이 위에 자리를 잡고 당신이 그리고 색칠하는 동안 당신을 지켜볼 것이다. 그 사람의 이름 대신, 이니셜이나 암호화한 이름을 써도 된다. 만에 하나 누가 당신의 기도 그림을 발견한다 해도 당신의 감정과 그 사람의 익명성을 보호할 수 있다.

이웃 여자가 원수를 위해 기도할 때, 그녀는 종이에 열을 두 개 그린다. 하나는 좌뇌(분석과 논리를 담당하는)를 위한 것이고 하나는 우뇌(직관과 창의력을 담당하는)를 위한 것이다. 오른편의 열에 그녀는 그 사람의 이니셜이나 암호화한 이름을 쓰고 그린다. 그 사람에 대한 생각과 말들이 머릿속에 떠오를 때, 왼쪽 열에 그것을 써내려 간다. 여기에는 감정, 그 사람에 대해 싫은 점들, 그 사람에 대해 존경하는 점들 등이 해당할 것이다.

그 사람에 대한 부정적이고 화난 생각들은 환대를 어렵게 만들 것이다. 그런 생각들을 적으라. 그리고 한 줄 기도 또는 성경 구절로 자신을 무장하여 그 공격에 맞서라. 다음과 같은 예가 있다.

"나를 더욱 창대하게 하시고 돌이키사 나를 위로하소서"(시 71:21, 개역개정).
"심연으로 가라앉고 있는 원수에게 우리가 손을 뻗을 때, 하나님은 우리 둘 모두에게

116

손을 펴신다…"15(토머스 머튼).

"우리가 우리에게 죄 지은 모든 사람을 용서하오니 우리 죄도 사하여 주시옵고"(눅 11:4, 개역개정).

"나에게 능력을 주시는 분 안에서, 나는 모든 것을 할 수 있습니다"(빌 4:13).

이 말씀들을 만트라처럼 계속 읊어도 되고 그림의 한 열이나 두 열에 적어도 좋다.

당신이 감당할 만하다면 마무리한 이콘을 눈에 잘 띄는 곳에 걸어 두라. 이것을 볼 때마다, 그 사람이 하나님의 자녀임을 기억하라. 다트판처럼 쓰고 싶은 유혹이 찾아오면, 대신 거기에 화살 기도를 날려 보자.

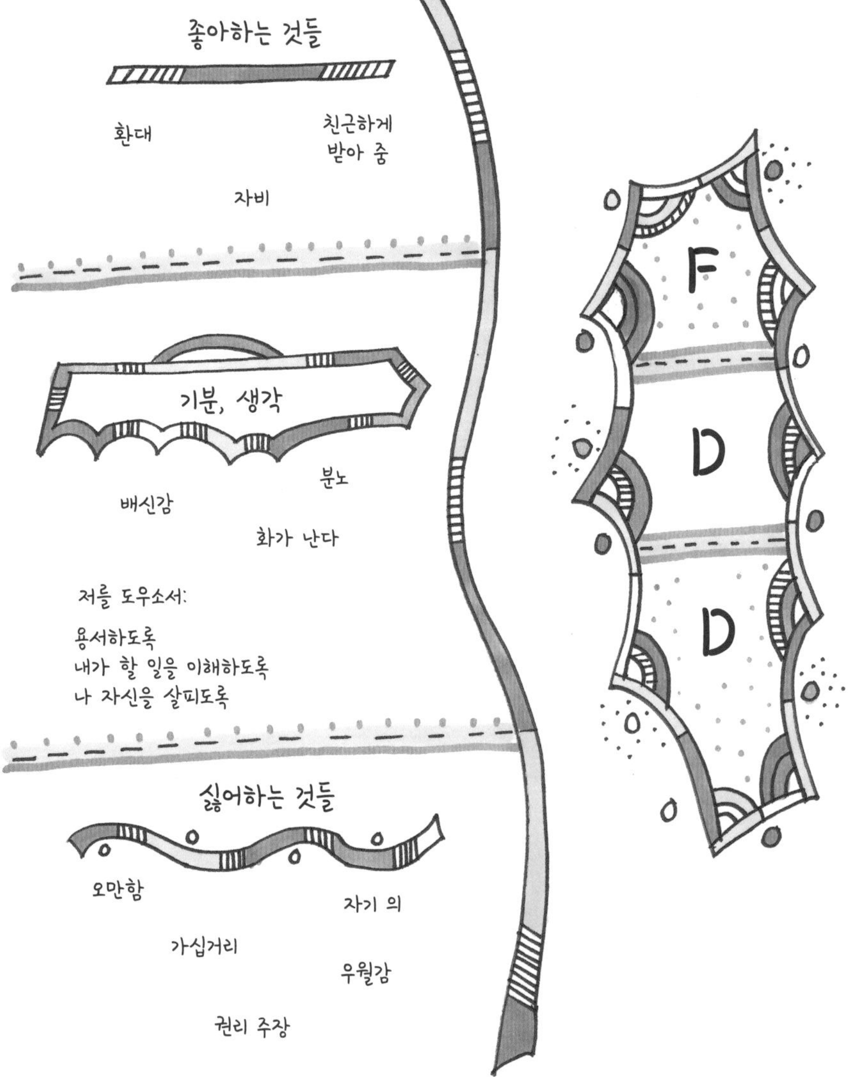

좋아하는 것들

환대　　　　　　친근하게
　　　　　　　　받아 줌

　　　자비

기분, 생각

배신감　　　　　분노

　　　화가 난다

저를 도우소서:

용서하도록
내가 할 일을 이해하도록
나 자신을 살피도록

싫어하는 것들

오만함　　　　자기 의

　가십거리　　　우월감

　　권리 주장

F

D

D

12단계 기도

AA(익명의 알코올 중독자 모임), 알아논^{Al-Anon}(알코올 중독자 가족 모임), NA^{Narcotics Anonymous}(익명의 약물중독자 모임)에서 활용하고 있는 12단계 프로그램들은 생명을 파괴하는 중독의 거미줄에 사로잡힌 사람들을 회복하는 영적 행로를 제시한다. 이 12단계는 삶을 황폐하게 하는 물질, 행동, 습관에서 사람들을 자유로워지게 하는 도구를 제공한다. 이러한 프로그램에 참여하는 사람이 아니라도, 이 12단계에서 분별 있고 영적인 삶을 위한 지혜의 길을 배울 수 있다. 이 단계들을 밟아 가는 데 필요한 것은 정직함, 사려 깊음, 그리고 현재에 주목하는 태도다. 다양한 프로그램에서 사람들은 그 프로그램에 맞는 문학 읽기, 다른 회원들과 대화하기, 모임 참석, 그 단계들을 통한 개인적인 경험에 대해 글이나 일기 쓰기, 기도, 명상 등을 통해 단계들을 '수행한다.' 글쓰기, 일기 쓰기, 기도, 그리고 명상은 개인이 혼자서 영혼을 탐색하는 작업이다.

　　당신이 중독 문제가 있거나 그런 사람을 안다면, 혹은 그저 12단계 영성의 유익이 무엇인지 궁금하다면, 색칠 기도 방법론은 시각적이고 운동감각적인 학습자를 위한 12단계 연구에 참고가 될 것이다. 그중 몇 단계는 '높은 힘' 혹은 신과의 관계에 대해 다룬다.

　　AA와 알아논 프로그램 둘 다에서 첫 단계로 제시하는 것은 이러하다. "우리는 우리가 알코올에 대해 무력하다는 것을, 그리고 우리 인생이 수습 불가 상태가 되었음을 인정한다."[16] 내 친구는 이 프로그램 안팎에서 누구든 알코올이라는 단어를 다른 것, 그러니까 '모든 명사—사람, 장소, 사물' 등으로 쉽게 대체할 수 있다고 말한다. '무력함'은 인기 있는 단어는 아니다. 나는 내가 인생에서 어떤 '사람, 장소, 사물'에 대해 무력하다고 생각하고 싶지 않다. 난 세상에서 내가 보는 것들 상당수를 통제하고, 주무르고, 바꾸고, 고치고 싶다. 특히 나와 가까운 사람들을. 그들에게 조언을 해 주고, 인생을 어떻게 살아가야 할지 말해 주고 싶다. 이건 아주 오만한 일이다. 내 인생도 잘 살지 못하면서 말이다. 하지만 수많은 일들에 대해 내가 무력함을 인정하는 것은 영적 항복을 위한 커다란 한 걸음이다.

내가 무엇에 대해 무력한지를 주기적으로 또는 지속적으로 명명하고 목록을 작성하는 일은 힘겨운 영적 작업이다. 여기엔 주의 집중과 정직성이 필요하다. 하지만 이 작업을 여러 번 하고 나서, 나는 이 일이 해방으로 이끈다는 것을 깨달았다. 이 일은 무엇이 내가 할 일이고 무엇이 내가 할 일이 아닌지를 보도록 해 준다. 나를 무력하게 하는 한 대상은 그저 짜증이다. 좀 더 심각하고 개인적인 것들도 있다. 내가 다른 사람들의 행동을 어떤 식으로 비판하고 판단하는지를 인정하면, 나 자신의 행동에 대해 얼마나 통제력을 발휘하고 있으며 다른 이들의 행동에 어떤 반응을 하고 있는지 이해하는 데 도움이 된다. 그것은 하나님 역할을 하려는 데서 나를 놓아주고, 다른 이들로 하여금 나의 원치 않는 그리고 때로는 잘못된 충고 대신 그들의 '높은 힘'의 인도 아래 삶을 꾸려 갈 존엄성을 부여한다.

다음 그림은 1단계 기도의 시작이다. 1단계 기도를 하는 한 가지 방법은, 당신이 무력감을 느끼는 대상들에 대해 종이 가득 브레인스토밍을 하는 것이다. 단어들 사이에는 공간을 좀 남겨 둔다. 각 단어들로 돌아가 한 번에 하나씩 그 단어 주위를 두들림과 색칠로 채운다. 하나님, 혹은 당신의 '높은 힘', 또는 당신 내면의 권위가 당신에게 무어라 말하려 하는지 귀 기울인다. 위대한 지혜를 얻겠다는 강박은 갖지 말라. 그저 표현하고 듣는다.

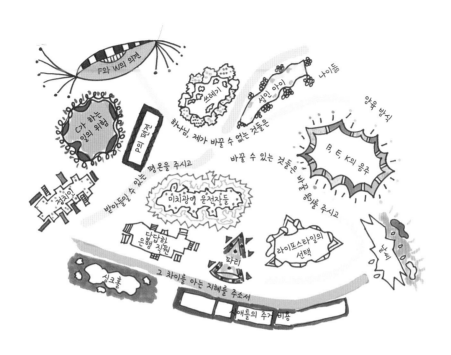

그 유명한 '평온을 비는 기도Serenity Prayer'는 나의 1단계 기도 두들링에서 구불
구불하게 그려져 있다. 이것만으로도 브레인스토밍 기도의 가치가 있다. 내가 바꿀 수
없는 것과 바꿀 수 있는 것에 대해 성찰해 보는 방법이다.

4단계와 8단계 또한 시각적 기도를 위한 훌륭한 주제가 된다.

4. 철저하고 두려움 없이 자신에 대한 도덕적 검토를 한다.[17]

8. 우리가 해를 입힌 모든 사람의 명단을 작성한다. 그리고 그들 모두에게 보상하겠
   다고 마음먹는다.[18]

기억하고 정리하는 기도

색칠 기도를 프레젠테이션, 설교, 강연, 시, 기도, 책 등에서 얻은 내용과 아이디어에 대해 숙고할 때 사용해 보라. 단어를 생각하고 기도와 명상을 하며 종이에 두들링을 해 본다. 이는 우리가 사용할 수 있는 방대한 양의 영감 있고 지적인 재료들을 정리하고 조합하는 한 가지 방법이다. 어떤 것들은 유용하고 어떤 것들은 그렇지 않다. 이 재료들을 살펴보고 곱씹어 보는 과정에서, 다른 생각, 질문, 기도가 떠오를 것이다.

나는 영적 지도자와의 수업 후 아래의 기도 이콘을 그렸다. 우리의 대화와 기도를 시각적으로 기억하기를 바라서였다.

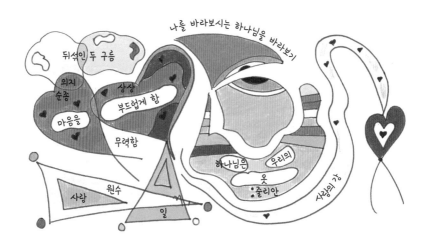

분별 기도

시각적 기도를 통해 질문과 딜레마, 가치들을 탐색할 수 있다. 종이 위에 나의 생각들을 브레인스토밍하고 두들링으로 표현하는 일은 인생의 선택지를 찾거나 의사 결정을 할 때면 꼭 해야 할 숙제처럼 느껴진다. 하나님이 내 머리를 딱 치시며 무엇을 하라고 말씀하실지 기다릴 수만은 없다. 인생에서 거룩한 분별이 필요한 일에서, 하나님은 내가 적극적인 파트너가 되기를 기대하실 것 같다.

　　남편과 나는 새로운 도시로 이사하여 새 일을 시작하게 된 후 살 곳을 찾고 있었다. 면적, 화장실 수, 부엌 설비, 풍경, 비용 문제에 사로잡히기 쉬운 일이었다. 아래 그림은 내가 집에 대해 정말 원하고 필요한 것이 무엇인지, 단지 물리적인 건물만 원하는 것이 아니었음을 탐색하도록 도와주었다.

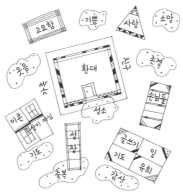

여러 가지 명상과 기도

색칠 기도는 인생의 심각한 주제들을 탐색하는 데 즐거운 방법이 되어 준다. 펜과 마카를 손에 들고 의자에 앉아 잠잠히 머무른다. 나는 성령님이 주시는 영감과 지혜가 나의 말과 두들링을 직조해 간다고 상상한다.

화해

화해를 해야 할 사람, 사과해야 할 상대, 용서를 구해야 할 사람들을 생각하라. 이 사람들의 이름과 저질러진 잘못을 쓴다. 화해 혹은 사과를 위한 예행연습으로 색칠 기도를 활용해 보라. 직접 용서를 구하는 일이 가능할 수도 있고, 영영 불가능할 수도 있다. 그렇다 하더라도 종이 위에 고백하는 이 행위는 예기치 못했던 결과를 선사할 것이다. 이 과정에 하나님을 초청할 때, 명징함과 정화가 찾아올 것이다.

영적 여정 또는 역사

하나님과 함께해 온 삶의 여정을 지도 형태로 창작해 보자. 영혼이 폭발하는 회심의 경험뿐만 아니라, 작고 사소해 보이는 하나님의 순간적인 스치심도 포함한다. 그러한 하나하나의 일들이 다른 기억들을 떠오르게끔 하여 당신의 인생에 하나님의 임재가 스며 있음을 새롭게 보게 할 것이다.

124

멘토들

영적인 삶에 도움을 주었던 사람들의 명단을 만들고 기념하라. 주일학교 선생님이나 목사님이 그 명단에 있을 것이다. 조금 애매하겠지만 당신 자신을 하나님의 사랑받는 자녀로 보도록 도와준 사람들도 떠올려 보자. 때로 멘토란 우리에게 진실을 말해 주는 사람들이다. 우리에게 있는 자만심을 날려 버린 선생님이나 우리가 멍청이처럼 굴 때 그 사실을 말해 준 친구처럼.

부모님은 해 줄 수 없었던 방식으로 우리를 격려해 준 어른들을 기억해 보라. 부모님이 보지 못한 우리의 재능을 발견해 준 어른들도 있다. 부모는 자기 아이들의 안전을 늘 걱정하며 자녀들이 안정적인 삶을 살기 원한다. 그들은 시인이나 사회복지사, 시리아의 회복적 활동가는 남의 집 아이들이 하면 좋겠다고 생각한다. 나 또한 부모로서 그 두려움을 이해한다. 아이 때 나는 수많은 불확실한 직업들을 꿈꾸었다. 어떤 어른들은, 그들의 특별한 전문성으로 인해 혹은 우리를 새롭게 봄으로써 우리가 새로운 방식으로 자신을 그려 볼 수 있도록 도와주었을 것이다.

개인 사명 선언문

단어, 그림, 색을 이용하여 당신이 누구인지, 누구의 것인지, 당신에게 중요한 것이 무엇인지를 언어화하고 시각화해 보라. 이는 단번에 완성할 수 있는 선언문이 아니다. 차츰 전개되는 것이다.

기억 치유

우리 대부분은 상처와 아픔을 품고 거기 매여 원망한다. 그 상처들을 구체적으로 표현하고, 직면하며, 맞서는 데 색칠 기도 활동을 이용해 보자.

하나님의 이름

우리가 부르는 하나님의 몇 가지 혹은 전체 이름을 당신의 그림에 적으라. 이 그림을 하나님을 이해하고 하나님을 아는 지식을 확장하기 위한 명상이 되게 하라. 어떤 특정한 이름이 당신에게 말씀하시는지 보라.

단어집

기독교에는 그들만의 은어가 있다. 당신의 종교 전통에서 가져온 단어들과 시간을 가져 보자. 기독교의 구원, 용서, 성육신, 희생 같은 단어들은 묵직하고 강력하다.

Part 4
성경으로 기도하기

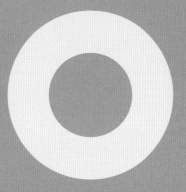

성경 구절
암송하기

성경의 한 단락을 익히고 외워 보자.

외우고 싶은 성경 단락의 첫 문장이나 구절을 쓴다. 그 말씀을 두들링, 디자인, 색으로 강조해 가면서 반복하여 말한다.

그 말씀을 수월하게 암송할 수 있고 종이에 다 그렸다면, 다음 구절로 옮겨 간다.

그다음 구절을 수월하게 암송할 수 있으면, 처음에 외운 구절과 함께 암송한다. 그림을 가로질러 왔다갔다 눈을 움직여 가면서 두 구절을 함께 암송한다. 계속 집중하면서 더 꾸미고 색칠한다.

전체 단락을 외울 때까지 이 과정을 계속한다. 한 번에 마치지 못하고 다음에 더 해야 할 수도 있다.

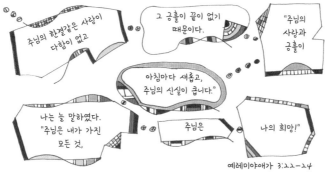

예레미야애가 3:22-24

성경 단어
살펴보기

24

성경의 단어 하나를 선택하여 그것이 어떻게 쓰였는지 살펴본다. 그 단어가 쓰인 예를 성경에서 찾아 종이에 적는다. 그 단어가 사용된 맥락을 보면서 그리고, 색칠한다.

'나라Kingdom'는 함축적인 단어다. "그 후로 영원히 행복하게 살았습니다"라며 안도감을 주는 동화 같은 이미지도 있고, 사악한 통치자, 전쟁, 봉건 제도, 빈부 격차 같은 이미지도 있다.

'나라'라는 단어가 쓰인 성경 구절을 쓰는 연습은 아무것도 해결해 주지 않았지만, 그 단어의 용례를 눈으로 보며 내 의식에 들였다. '나라'는 나의 영적 상상에서, 그리고 약속과 소망을 말하는 성경적 문화에서 핵심적인 개념이다.

렉티오 디비나

내 종교적 조상들의 신앙과 역사, 영감과 지혜의 구절들, 하나님의 성품, 하나님의 백성이 그들의 삶을 꾸려 간 기틀이 된 교의와 계율 등, 나는 많은 것들을 배우고자 성경을 읽는다. 나는 성경에서 많은 것들을 '배울' 수 있다. 성경은 '정보'가 가득하다. 그러나 내가 성경을 읽는 진짜 이유는 사실이나 역사나 계율 때문이 아니다. 진리 때문이다. 나는 성경이 내게 말씀하시기를 원한다. 나는 성경이 내게 진실을 말하기를 원한다(파커 파머의 표현임).[19] '변화'는 내가 성경과 맺는 관계의 목표다. 나는 성경이 나를 구원의 길로 인도하여 하나님의 사람으로 변화시켜 주기를 원한다. 이는 사실을 배우는 것을 넘어서는 일이다.

성서란 하나님과 하나님 백성 사이의 러브레터다. 어떤 방법서나 자기계발서가 아니다. 그것은 구원 역사를 이루시는 하나님과 그분이 사랑하시는 인간 피조물 간의 약속과 헌신에 관한 책이다. 그 약속과 헌신이 오늘 나에게는 무엇을 말하는가? 때로 나는 하나님이 내가 십계명을 읽어 보기를 원하시지 않을까 생각한다. 내 행실이 잘못되었고 나는 누구이며 무엇인지 내가 잊었기 때문이다. 한 달에 한 번씩 시험을 봐야 할지도 모르겠다. 그러나 그걸 넘어서, 나는 하나님의 신비에 푹 잠기고 싶다. 이렇게 말하기는 너무 쉽다. "나는 성경을 읽는다. 그것을 삼킨다. 식사 끝." 성서는 그렇게 길들여진 것이 아니다. 하나님의 음성은 너무나 광대하여 1,500쪽 남짓한 책 한

권에 국한되지 않는다.

　내가 가만히 앉아 성서에 귀 기울이는 한 가지 방법은 중보 기도를 할 때와 같은데, '렉티오 디비나'라 부르는 고대 기독교 실천을 변형한 것이다. 렉티오 디비나는 '거룩한 독서' 혹은 '신적 독서'라는 뜻이다. 렉티오 디비나는 성경 텍스트를 역사적으로 연구하거나 비판적으로 분석하는 일이 아니다. 그것은 성경으로 기도하는 한 가지 방법이며 특정한 순간에 나에게 말씀하시는 하나님의 음성에 귀 기울이는 일이다. 만약 성서가 진정 살아 있는 말씀이라면, 날마다 새로운 방식으로 내게 말씀하실 것이다. 렉티오 디비나를 할 때, 나는 오늘 내가 들어야 할 진리를 말씀해 달라고 하나님께 청한다. 렉티오 디비나를 통해 성서로 기도하는 것은 성경과 나의 관계, 하나님과 나의 관계를 변화시켰다.

　오래된 것이든 최근의 것이든, 렉티오 디비나를 다룬 대부분의 책들은 이 기도 훈련을 위한 준비법에 대해 이야기한다. 내가 실행하기에는 어려운 일들도 많다. 침묵, 잠잠함, 척추를 꼿꼿이 하기, 손바닥을 위로 한 채 손을 무릎에 올려놓기…. 나는 수도자와 사막 교부들과 교모들에게 사죄를 드리면서, 전통적인 실천에 색칠 기도 기법을 결합한 하이브리드 버전을 생각했다. 이는 침묵(그리고 잠잠함)의 필요를 수용하기 위한 것이다. 이제 색칠 기도 렉티오 디비나를 위해, 마카와 연필, 펜을 가져와 기도의 처소를 마련해 보자.

　렉티오 디비나는 네 단계로 된 기도 형식이다.

'렉티오'는 '읽다'라는 뜻이다.

'메디타티오'는 '명상하다'라는 뜻이다.

'오라티오'는 '말하다 또는 기도하다'라는 뜻이다.

'콘템플라티오'는 '관상하다'라는 뜻이다.

렉티오: 성서의 한 문장을 고른다. 주일 예배에서 봉독할 말씀이나, 당신에게 호기심을 불러일으키는 말씀을 선택한다. 어떻게 할지 모르겠으면 성경을 펼쳐서 아무 문장이나 찍는다. 예를 들면 이렇다.

> 너희에게 새로운 마음을 주고 너희 속에 새로운 영을 넣어 주며, 너희 몸에서 돌같이 굳은 마음을 없애고 살갗처럼 부드러운 마음을 주며(겔 36:26).

선택한 구절을 종이에 쓴다. 잘 보이도록 크게 쓰라. 말씀을 천천히 읽는다. 다섯 번, 열 번 읽는다. 할 수 있다면 큰 소리로 읽어 본다. 하나님께 그날의 단어를 달라고 청한다. 때로 그 단어는 명확할 것이다. 반짝이거나 감동을 시키거나 손을 들고 말할 것이다. "나를 고르세요, 나를 고르세요." 어떨 때는 당신을 괴롭히고, 거슬리게 하고, 불안하게 할지도 모른다. 불편한 말이라도 배제하지 말라. 단어를 찾으면, 동그라미를 친다. (특별히 다가오는 말씀이 없으면, 임의로 선택한다.)

너희에게 새로운 마음을 주고

너희 속에 새로운 영을

넣어 주며,

너희 몸에서 돌같이 굳은 마음을 없애고

살갗 처럼 부드러운

마음을 주며

나는 '살갗'이라는 단어를 택했다. 이 단어를 사용하여 나머지 기도를 할 것이다. 이어지는 두 단계에서 나는 이 단어를 통해 하나님께서 내게 말씀해 주시기를 청할 것이다.

　메디타티오: 메디타티오는 '명상하다' '씹다' '숙고하다'라는 뜻이다. 내가 좋아하는 다른 정의는 '절여진다'이다. 나는 '살갗'이라는 단어를 택하고 거기 푹 잠긴다. 그 말이 내 모공 속까지 들어오도록 거기 잠겨 나에게 무어라 말씀하시는지 귀 기울인다. 나는 이 활동을 두 장의 종이에 두 가지 방법으로 하기를 좋아한다.

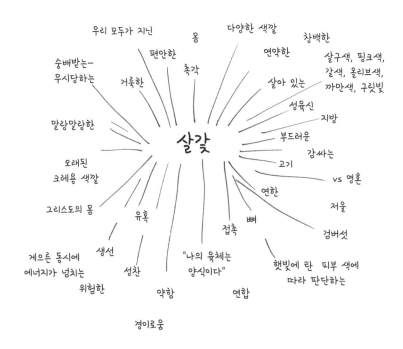

빈 종이 중앙에 당신이 선택한 단어를 쓴다. 단어와 관련하여 아는 것을 모두 쓴다. 브레인스토밍을 한다. 머릿속 데이터를 추출한다. 떠오르는 것은 무엇이든 적는다. 바보 같거나 얼토당토않아 보이더라도 괜찮다. 그 단어는 성경 말씀의 시각 이미지를, 혹은 당신 자신의 삶의 장면들을 소환할 것이다. 느낌, 맛, 냄새가 떠오를 수 있다. 그 모두를 적어 내려가라. 지금 하는 행위는 우리 마음에서 그 어떤 선입견이나 그 단어에 대한 선이해를 씻어 내는 작업이다. 어떤 이들은 이 작업을 거미줄짜기 또는 마인드맵이라고 부른다.[20] 아이디어가 소진되면 그만한다. 아니면, 좀 더 앉아서 생각을 더 해 본다. 3분에서 5분 정도 타이머를 맞춰 놓아 브레인스토밍 작업에 시간의 경계를 둘 수도 있다.

종이를 새로 꺼낸다. 종이 중앙에 당신이 선택한 단어를 다시 쓴다. 이번에는 그 단어에 대해 생각하지 않는다. 당신의 뇌에서 아이디어를 짜내는 대신, 그 단어에 귀를 기울인다. 이 단어를 당신의 집을 방문한 손님인 듯 대해 보라. 당신에게 말을 하도록 해 보라. 그 단어를 통해 하나님께서 당신에게 무엇을 말씀하시려 하는지 들어 보라. 듣는 동안, 그리라. 5장과 6장에서 설명한 방식으로 그 단어 주변에 두들링을 하라. 손의 움직임이 그 단어에 초점을 맞추도록 이끌고 걱정을 누그러뜨린다. 외부의 움직임으로 내면의 고요함을 얻으라. 그 단어와 관련하여 다른 내용이 들린다면, 그것을 적으라. 앞에서 했던 머릿속 데이터에서 나온 생각과 말들이 다시 떠오르면, 그것들을 적으라. 타이머를 사용하거나, 다했다고 생각되면 멈춘다.

135

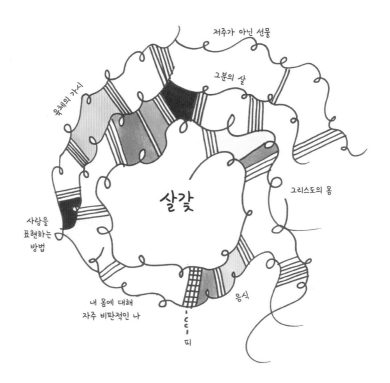

살갗

저주가 아닌 선물

그분의 살

육체의 가시

그리스도의 몸

사랑을
표현하는
방법

음식

내 몸에 대해
자주 비판적인 나

피

오라티오: 오라티오는 '말하다' 또는 '기도하다'라는 뜻이다. 렉티오 디비나에서 오라티오는 더 전통적인 기도 방식으로 하나님과 이야기를 나누는 단계다. 이것은 말을 사용하여 하나님과 대화를 하는 기회다. 앞서 10분 동안 품고 있었던 그 단어에 대해 하나님께 여쭐 수 있다. "이 단어로부터 제가 무엇을 듣고 배우기를 원하시나요? 오늘 이 단어가 왜 중요한가요?"

렉티오 디비나를 실천하는 어떤 이들은 하나님께 느끼는 감정을 표현하는 기회로 오라티오를 활용한다. 어떤 이들은 이것이 어색할 것이다. 나는 말로 친밀함을 표현하는 데 익숙하지 않다. 내가 사랑하는 사람임에도 "사랑해요"라고 말하기가 어렵다. 나는 살갑고 다정한 말들을 내뱉기가 쑥스럽다. 하나님께 사랑과 흠모의 말을 한다는 것 역시 쑥스럽다. 그렇지만 최소한, 우리는 침묵한 채, 우리를 사랑하시는 하나

묵상의 기도

4

님을 상상할 수는 있다.

이 시간을 예수님과 대화하는 기회로 삼아도 좋다. 어떤 친구들은 예수님이 바위에 앉아 계시는 모습을 상상하기를 좋아한다. 그리고 그분과 얼굴을 마주보고 이야기를 나눈다. 얼굴을 맞대고 나누는 대화는 좀 겁이 나서 나는 공원 벤치에 예수님과 등을 대고 앉아 있는 걸 상상해 보았다. 친근하게 느껴지긴 하지만, 그리 친밀하지는 않다.

 이 단계가 말로 나누는 대화 단계이긴 하지만, 나는 손에 펜을 쥔다. 이 행위는 하나님과 나 사이의 수줍은 관계에 약간 완충 장치가 된다. 하나님과 대화를 하는 일이 편하든 그렇지 않든, 당신의 느낌과 질문이 수면 위에 떠오르도록 하라. 당신의 생각과 질문을 적으라. "나의 믿음 없음을 도와주소서." "당신을 더욱 알기 원합니다." "나의 마음을 열어 주소서." "하나님, 왜 이 단어입니까?" 창조주와 피조물 사이에 생기는 다정한 입씨름^{crosstalk}으로 생각해 보라. 말하고 쓰는 동안 그림을 이어 간다. 이 단계에서 그리는 그림은 내가 더욱 집중하고 듣도록 도와준다. 쓰는 것은 내가 생각하고 느끼는 것을 보게 해 준다.

대화란 두 참여자가 주고받는 것이다. 그런데 기도를 하다 보면, 온통 일방향일 때가 가끔 있다. 나는 열심히 말한다. 하지만 '받는' 것은 '카이로스'의 시간, 즉 하나님의 시간에 온다. 거의 들리지 않는 음성으로, 일상의 생각 속에서, 꿈 속에서, 공동체의 지지 속에서, 혹은 부드럽게 쿡 찌르는 깨달음 속에서. 기도를 하는 중에 내가 아무것도 '듣지' 못할 수 있지만, 하나님과의 대화를 위한 시간과 공간을 만듦으로써 내 마음의 토양은 하나님이 말씀하실 때 응답할 수 있게 준비된다. 이 단계를 위해서는 2분에서 5분 정도를 할애한다. (좀 더 길어도 된다.)

137

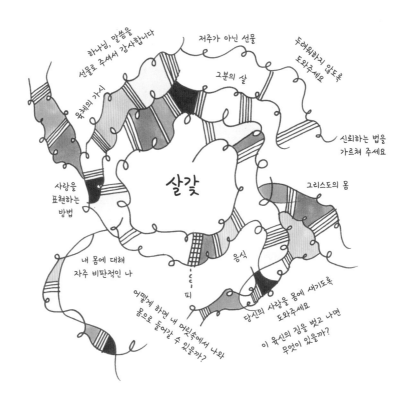

하나님, 말씀을
선물로 주셔서 감사합니다

저주가 아닌 선물

두려워하지 않도록
도와주세요

육계의 가시

그분의 살

신뢰하는 법을
가르쳐 주세요

사랑을
표현하는
방법

살갗

그리스도의 몸

내 몸에 대해
자주 비판적인 나

음식

피

어떻게 하면 내 머릿속에서 나와
몸으로 들어갈 수 있을까?

당신의 사랑을 몸에 새기도록
도와주세요

이 육신의 짐을 벗고 나면
무엇이 있을까?

콘템플라티오: 렉티오 디비나의 마지막 단계다. 난 이 단계를 일상으로 가기 전에 들르는 휴게소나 마음을 가라앉히는 과정으로 여긴다. 콘템플라티오는 내가 선택한 단어와 그 단어에 대해 생각하고 느낀 것들을 놓아주는 단계다. 그리기, 생각하기, 대화하기, 쓰기 등 모든 활동을 내려놓는다. 이는 내게는 어려운 단계다. 나는 무슨 일인가 일어나기를 너무나 바라기 때문이다. 내 기도 시간을 최고조에 이르게 할 종교적 체험을 원한다. 식사 마지막에 나오는 깜짝 놀랄 메뉴, 영혼의 티라미수 같은 것을 기대한다. 나는 이렇게 생각한다. '지금은 비우는 시간이야. 하나님이 들어오실 수 있도록.' 하지만 이 말조차 내 기대를 표현하고 있다. 성령님을 통제하고 싶은 내 마음을.

평소 늘 들썩거리는 나이기에, 나는 이전 단계의 작업들을 마친 후 몇 분 정도 휴지기를 준비한다. 눈을 감고, 깨달음에 대한 기대감을 버리고, 머릿속을 잠잠히 하고, 하나님이라는 해먹에 몸을 던지는 나 자신을 상상한다. 하나님의 품에 안기어 나의 하루 중 행복한 시간을 몇 분 보낸다.

 자, 펜은 내려놓자. 타이머를 2분에서 3분 정도로 맞춘다. 의자에 앉거나 바닥에 눕는다. 눈을 감는다. 깊은숨을 들이쉬고 내쉰다. 그 상태로 잠시 머문다. 지나간 10분은 맘 편히 보내 준다. 앞으로의 10분도 생각하지 말자. 호흡을 한다.

콘템플라티오를 생각할 때 떠오르는 이미지는 "하나님이라는 무한한 해먹에 눕는 일"이라고 한 친구에게 말했더니 그녀가 응수했다. "그렇지! 그리고 해먹의 양 끝은 두 개의 장대나 두 그루의 나무에 매여 있잖아. 나무 하나가 말하지. '아무 일도 할 거 없단다.' 다른 쪽 나무가 말해. '막아야 할 일도 전혀 없지.'"[21] 이 시간에 어떤 사람들은 엄청난 영적 깨달음을 경험한다. 선택받은 단어에 대한 새로운 계시가 침묵을 뚫고 나타난다. 그들은 변화를 경험한다. 어떤 사람들은 그저 이 쉼과 고요의 시간을 누린다.

나는 렉티오 디비나를 시간 낭비라고 느껴 본 적이 없다. 최소한 내가 선택한 단어에 대해 이전보다 더 잘 알게 된다. 그리고 다시는 그 단어를 정확히 같은 방식으로 듣지 않게 된다. 메디타티오를 하는 동안 나는 머리에서 수많은 연상을 짜냈다. 그 단어에 절여지고 귀를 기울였다. 일주일 혹은 한 달이 지나면, 새로운 관련성 또는 통찰을 지니고 다시 찾아온다. 때로는 하나님이 새로운 통찰을 내게 찔러 넣으신다.

이따금씩 영적 발견을 한다. 한번은 큰 수련회를 위해 골라 놓은 성경 구절을 읽고 있었다. 하지만 아무런 단어도 내게 특별하게 다가오지 않았다. 거의 장난처럼 나는 단어 세 개를 뽑았다. '하지만' '아니' '그래서' 였다. 알맹이가 있는 것도 아니고, 영적인 개념도 아니었다. 나는 렉티오 디비나의 네 단계를 수행했다. 수련회가 끝나고 일주일 뒤, 그 세 단어가 내 머리에 떠오르더니 이런 말이 들렸다. "너는 똑똑하고 우월하다고 느끼고 싶을 때 우리를 사용했어. 너는 우리를 이용해서 사람들과 거리를 두었어." 팔짱을 낀 거만한 내 모습이 보였다. "**하지만** 이 선택지를 생각해 보았니?" 혹은, "**아니**, 그건 안 돼." 아니면, "**그래서** 어쩌라고?" 보기 좋은 그림은 아니었다. 그러나 그것이 진실임을 나는 알았다. 적어도 가끔은. 하나님은 그 세 개의 작은 단어들을 통해 내게 말씀하셨고 내가 들어야 할 것을 말해 주셨다.

이렇게 묻는 사람들이 있다. "렉티오 디비나를 하면 맥락에 어긋나게 성서를 읽게 되지 않나요?" 내 대답은 "그렇다"이다. 하지만 핵심은 그게 아니다. 렉티오 디비나는 성서 연구가 아니다. 렉티오 디비나는 하나님과의 대화를 시작하는 한 방법으로서 성서를 사용한다. 겨우 단어 하나로, 하나님의 풍성하고 변치 않는 사랑을 경험하고 그분과의 관계를 깊게 할 수 있다.

기도 그림 종이들을 보관하라. 잘 보이는 곳에 붙이거나 손 닿는 곳에 두라. 노트에 붙여 기도 일기로 남겨도 좋다. 기도 시간에 무언가를 배울 때면, 우리의 통찰과 수확물을 우리 삶과 통합하기 위해 시간을 많이 들이게 된다. 단어들을 시각적으로 상기시키는 자료가 있다면 그 과정에 좀 더 속도를 낼 수 있을 것이다.

렉티오 디비나는 연습이 필요한 실천이다. "이게 정말 유용할까?"라고 묻지 말고 여러 번 하라. 기도는 실용과 효용을 따지는 일이 아니다. 기도는 중심에 계신 하나님과 온종일 함께 사는 일이다. 렉티오 디비나는 하나님의 사람으로 산다는 일이 "얻어지는" 것도 "행하는" 것도 아닌, 하나님과의 관계 안에 "존재하는" 것임을 상기시켜 준다. 모든 행위는 그 관계의 부분집합이다.

토니 존스^{Tony Jones}는 그의 책 《읽고, 생각하고, 기도하고, 살라》에서 30분짜리 렉티오 디비나 방법을 제안한다. 렉티오 10분, 메디타티오 5분, 오라티오 10분, 콘템플라티오 5분으로 구성된다.[22] 이 가이드라인은 유용한데, 한 단계에서 다른 단계로 옮겨 가는 게 분명해 보이지 않는다면 더욱 그렇다. 처음 시도할 때는 30분이 너무 길게 보일 수도 있다. 시간은 차차 늘려 가면 된다. 처음에는 각 단계에 할당된 시간을 절반으로 줄여 보라. 이내 당신은 시간이 부족하다고 느끼게 될 것이다!

 렉티오, 메디타티오, 오라티오 그리고 콘템플라티오의 네 단계 방법은 성서 구절이 아닌 다른 텍스트로도 할 수 있다. 시, 책, 설교의 한 구절이 당신에게 다가올 때가 있을 것이다. 또 해결되지 않은 문제, 어떤 사람과의 관계, 감정 문제를 다룰 때, 혹은 12단계 회복 프로그램에서 쓰는 멋진 말에 대해서도 렉티오 디비나를 할 수 있다. 렉티오를 위한 단어로, '두려움'이나 '암', '은퇴'나 '부모', '포기' 같은 말을 정해 시작해 보자. 그것이 '렉티오 단어'가 된다. 그러고 나서 나머지 세 단계를 진행하며 그 단어에 집중하며 기도한다. 이 연습을 하는 동안, 하나님을 초대하여 어떤 문제, 감정, 사람에 관한 대화를 함께한다.

다음 그림은 감정에 대한 렉티오 디비나를 한 예시다. 내 친구 린 메이어는 종이에 'scared'이라는 단어를 쓰고 하나님과 무서움에 대해 대화했다. 그녀의 두들링 스타일은 나와는 또 다르게 기발하고 멋지다. 린은 이것을 "웃기는 글자 사람들"이라고 부른다.

성서의 여백을 활용해
기도하기

내가 어릴 때는, 성경에 뭘 쓰는 사람이 없었다. 연필로라도 말이다. 그런데 우리 어머니는 매주 성경에서 배운 교훈을 특수 분필로 표시했다. 어머니는 공부하는 구절에 파란색 괄호를 쳐서 날마다 그 구절을 쉽게 찾을 수 있게 했다. 주말이 되면 작은 면포로 그 표시를 지웠다. 그러면 성경책은 새것처럼 되어, 더럽혀지지 않은 성스러운 상태로 돌아갔다. 다음 주에 배울 수업에서 파란색 표시를 할 수 있게끔 새로운 상태가 준비된 것이다.

　　지난 수십 년 동안, 성경에 필기를 하는 사람들은 점점 많아지고 있다. 넓은 여백이 있는 성경책들이 1960년대에 출판되었는데, 성경 구절 옆에 메모를 할 수 있도록 한 것이었다. 리사 니콜스 히크먼 Lisa Nichols Hickman이 2013년에 쓴 《여백에 쓰기: 성경 책장에서 하나님과 연결되다》[23] 같은 책은 수많은 독자들에게 펜, 형광펜, 사인펜을 들고 성서를 읽도록 했다. 성경책의 여백에 쓰는 일marginalia이 그리 새로운 것은 아니다. 리사 히크먼에 따르면, 바흐, 멜빌, 엘비스, 바르트, 옛 수도자들, 현대의 수도자들과 그리고 수많은 무명의 여성과 남성들이 성경책 본문과 뒷장에 필기를 했고 하고 있다.

　　오늘날에는, 성경 공부 모임에 올 때 온갖 미술 도구를 가지고 오는 독자들이 많다. 색마카, 펜, 연필, 스텐실, 스티커, 리본, 테이프를 챙겨 와서, 손과 눈을 써서 말씀 속으로 뛰어든다. 심지어는 본문 가장자리의 안전한 여백을 벗어난 공간에도 쓰고, 그리고, 스탬프를 찍고, 형광펜으로 칠하고, 테이프를 붙이고, 풀칠을 하며 성스러운 텍스트 전체 페이지를 장식한다. 이 아이디어는 성경을 '꾸미는' 것이 아니라, 감각을 써서 성서 속으로 몰입하게 한다. 이런 신체적인, 손을 개입시키는 활동은 성경을 손도 댈 수 없는 거룩한 장서가 아닌, 가까이 할 수 있고 친근한 친구로 볼 수 있게 한다.

비주얼 페이스Visual Faith®, 성경 일기, 일러스트 페이스Illustrated Faith® 등은 그러한 동호회(온라인 및 오프라인) 중 몇몇 예일 뿐이다. 이들은 성서에 대한 시각적이고 촉각적인 관계를 장려한다. 내 친구 코니 데닝거Connie Denninger는 비주얼 페이스와 협력하는데, 꽤 오래된 '여백의 기도자'다. 성서 여백은 그녀가 기도하는 공간이다. 그곳은 렉티오 디비나를 위한 단상이다(25장을 보라). 코니는 말한다. "성서는 하나님이 우리에게 보내시는 문자 메시지이고 초대장이다." "성경책의 여백은 그에 대한 우리의 응답을 기록하는 곳이다." 그녀는 이렇게 여백에 담은 시각적이고 언어적인 응답들을 '미니 게시판'이라고 묘사한다. 색칠 기도와 함께, 여백의 기도는 "속도를 늦추고, 주의를 기울이고, 산만함을 가라앉히도록" 돕는다.

코니는 또한 사람들을 모집하여 색칠 기도와 성서 여백 기도를 하는 모임을 연다. 이 시각적 기도자들의 모임은 '격려자들의 공동체'가 되어, 단지 그들 자신과 하나님과의 관계만을 위한 것이 아닌, 말씀의 사람들로서 세상을 섬긴다.

성경책에 글을 쓰고 두들링을 하는 것은 내게는 일반적인 영적 실천은 아니다. (아직은 그렇다.) 나는 성경책에 가볍게 밑줄을 긋는다. 지워지지 않는 펜을 쓰는 건 여전히 못 하겠다. '이상해 보이면 어떡해? 내일 다시 봤을 때 생각이 달라지면 어쩌지? 성경에 글을 쓰는 게 옳지 않은 일이면 어떡하지?' 이런 질문들은 내가 평생 특별한 성경책을 하나만 가지고 살 거라는 전제에서 왔다. 붉은 가죽 장정에 내 이름을 앞표지에 금박으로 새긴 그런 성경책을, 그렇게 아름다운 책을 어떻게 망칠 수 있단 말인가?

　　몇 년 전 나는 ESV 넓은 여백 성경을 주문해서 성경책을 망쳐 놓는 일을 스스로에게 허락했다. 눈에 띄게 표시하고, 두들링을 하고, 임의로 떠오르는 생각을 마구 채우고, 낙서도 하고. 진한 검정 펜과 색마카를 가지고 그 속으로 뛰어들기로 했다. 태

초에서부터 시작하여 매일 창세기를 한 장씩(앞뒤로) 읽었다. 그리고 성경책 여백은 색과 모양으로 가득 채워졌다. 어떤 두들링은 성경의 내용을 표현했고(가끔은 당황스러운 내용), 텍스트에 대해 추상적이고 기하학적으로 응답해 보기도 했다. 대부분은 말을 넣지 않았고, 본문을 침범하지 않았다. 초보자로서 나는 여백에 표시하면 어떻게 되는지를 일단 보고 싶었다.

여백을 활용해 기도하는 실천을 내가 더 넓혀 갈지는 모르겠다. 하지만 몇 주 후 그 페이지들을 다시 펴 보면서 말씀 안에서 존재한 기억에 주목할 수 있었다. 눈, 손, 마음, 두뇌를 썼기 때문에, 나는 그 이야기들을 기억했다. 두들링은 성경 각 장의 요약이며, 기억의 소환이고, 시각적 목차였다. 펜과 마카를 들고 처음 성서를 펼쳤을 때는 그리 기도로 충만하거나 영적인 시작은 아니었지만, 그럼에도 새로운 방식으로 말씀과 관계 맺는 걸음마 같은 시도였다.

미술 도구로 가득한 배낭을 메고 성서 속으로 발을 내딛는 이미지를 문자 그대로 좋아한다. 성서는 살아 있는 말씀임을 믿는다면, 그것은 생명으로 지글지글 끓고 있다는 말이다. 성경 속으로 떠나는 몸의 여정은 언제나 새로울 것이다. 때로

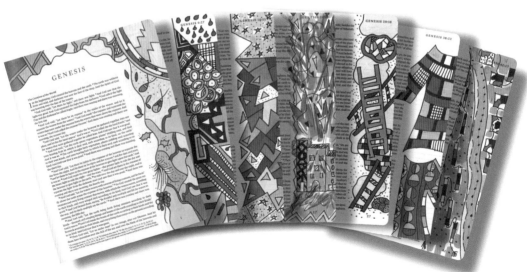

는 "푸른 풀밭"이나 "쉴 만한 물가"(시 23:2) 같은 상쾌한 장소로 물러가는 일일 것이다. 그러나 그보다 더 자주 내게 그것은 위험하고 인생이 바뀌는 구역으로 들어가는 사파리 여행과 같을 것이다. 심지어 지뢰밭으로 들어가는 떨리는 여행이다. 나의 펜과 색마카는 내가 자리에 계속 머물러 그 무섭고 거친 장소들을 힘겹게 걸어갈 용기를 준다. 또한 성경 텍스트의 격려하는 내용에 대해서는 기쁨과 감사를 표시할 수 있는 방편이 되어 준다.

토머스 크랜머Thomas Cranmer는 1529년 발표된 최초의 《성공회 기도서》의 저자 중 한 사람으로, 다음과 같이 말했다. (강조는 내가 표시한 것)

> 모든 거룩한 성서가 우리의 배움을 위해 기록되도록 하신 복되신 주님, 우리에게 지혜를 주사 그것을 듣고, 읽고, **표시하고**, 배우고, 내적으로 소화할 수 있게 하소서. 주님의 거룩한 말씀의 인내와 위로로써, 우리가 주님께서 우리 구주 예수 그리스도 안에서 우리에게 주신 영원한 생명의 복된 소망을 받고 계속 붙잡게 해 주소서. 아멘.

크랜머가 성서와 관계 맺기 위한 그의 기도에서 '표시하다'라고 표현했을 때, 그것이 그저 '필기하다'라는 의미뿐 아니라 그들의 성경책을 문자 그대로 표시, 낙서, 이미지로 채울 수도 있다는 것까지도 고려했을지는 의문이다. 여전히 성경책에 실제로 쓰고 그리는 일이 꺼려진다면, 성경 단락을 읽고, 일기장을 잡은 후, 일기장에 '미니 게시판'을 응답으로 꾸며 보라.

Part 5
교회력으로 기도하기

달력 기도

달력 기도는 성탄절에 이르는 대림절 동안, 혹은 부활절에 이르는 사순절 동안 매일의 순례를 표시할 때 내가 즐겨 쓰는 방법이다. 간단한 달력 템플릿을 써도 되고, 나를 비롯하여 다른 이들이 온라인에 해마다 공유하는 예쁜 달력을 다운로드해 쓸 수도 있다. (prayingincolor.com을 방문하라.)

절기가 이어지는 동안 달력에 두들링과 색칠을 해 가며 매일 기도한다.

다른 사람들을 위해 기도한다.

성서의 한 단어를 묵상하며 기도한다.

또는 그 해의 종교적 절기와 관련된 특별한 말을 가지고 기도한다.

달력 형식은 내 기도의 맥락과 범위 둘 다를 보여 준다. 달력을 채워 가는 것은 하루하루 내 영적 여정의 기록이다.

2008년에 그린 것이 내 첫 대림절 달력 중 하나였다. 나는 날마다 자유로운 형태로 모양을 그려 넣었다. 여러 이름, 성서 구절, 대림절 말씀들로 시작했다.

신디 오버마이어Cindy Overmyer는 수십 년 전 내게 두들링을 하라고 격려해 준 친구인데, 네모칸으로 된 전통적인 대림절 달력을 즐겨 사용한다.

아래 그림은 내가 2017년에 만든 스테인드글라스 달력 템플릿이다. 이 달력을 절반 정도 채우고 나니 마치 속싸개로 싼 아기처럼 보였다. 이 달력에 쓴 단어들은 buildfaith.org에 있는 대림절 말씀AdventWord에서 따 왔다.[24] 이 사이트는 소셜미디어 내용과 이미지를 이용해 전 세계의 기도 경험을 공유한다. 날마다 대림절 단어가 새로 게시된다. 수취인은 그 단어를 놓고 성찰하고 이미지와 사진을 대림절 달력 사이트에 공유한다.

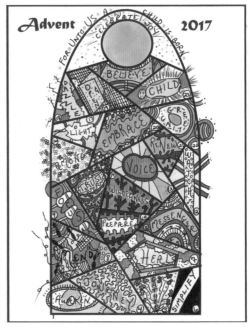

아래 그림은 사순절을 위한 두 달력이다.

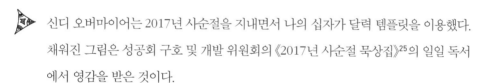
신디 오버마이어는 2017년 사순절을 지내면서 나의 십자가 달력 템플릿을 이용했다. 채워진 그림은 성공회 구호 및 개발 위원회의《2017년 사순절 묵상집》[25]의 일일 독서에서 영감을 받은 것이다.

2019년에 신디는 주일 성서 읽기와 기도에서 얻은 말씀을 사용했다. 특히 시편 27편과 32편을 썼다. 이 달력은 기도 일지이자 하나님의 임재로 연결되는 도구가 되었다.

153

절기 기도

달력 형식을 쓰지 않고 종교 절기를 담을 수 있는 몇 가지 명상을 제안한다. 이 두 그림은 유대교 절기인 하누카와 로슈 하샤나를 위한 기도다.

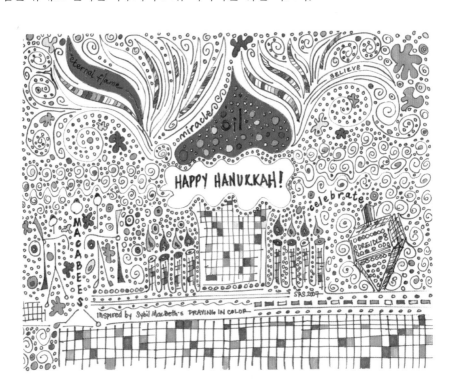

뒤에 있는 세 번째 그림은 크리스마스를 시각화한 명상이다. 구체화된 단어들은 모두 각각의 절기와 관련 있는 것들이다. 수많은 단순한 점과 나선들이 멋진 기도 콜라주를 만들어 낸다.

Part 6
공동체로 기도하기

그룹으로 하는 색칠 기도는 공동체, 지원 활동, 예배에서 강력한 경험을 만들어 낼 수 있다. 예수님은 이렇게 약속하셨다. "두 세 사람이 내 이름으로 모여 있는 자리, 거기에 내가 그들 가운데 있다"(마 18:20). 펜과 마카를 손에 들고 하는 기도는 사람들이 함께 모여 침묵 가운데 성령님께 귀 기울이는 데 안전한 방편이 되어 준다.

소그룹으로
기도하기

친구나 사랑하는 사람이 입원해 있을 때 두세 명으로 이루어진 기도 그룹은 엄청난 지지가 되어 줄 수 있다. 남편이 심장 수술을 받고 입원했을 때, 나는 두 친구와 카페에 앉아 색칠 기도를 같이 했다. 수술이 진행되는 동안 나는 안도감, 평온함, 사랑, 감사를 느낄 수 있었다.

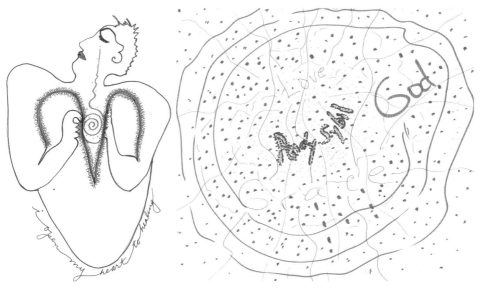

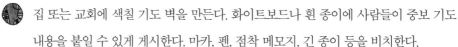집 또는 교회에 색칠 기도 벽을 만든다. 화이트보드나 흰 종이에 사람들이 중보 기도 내용을 붙일 수 있게 게시한다. 마카, 펜, 점착 메모지, 긴 종이 등을 비치한다.

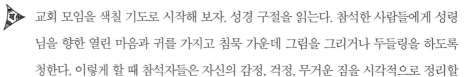교회 모임을 색칠 기도로 시작해 보자. 성경 구절을 읽는다. 참석한 사람들에게 성령 님을 향한 열린 마음과 귀를 가지고 침묵 가운데 그림을 그리거나 두들링을 하도록 청한다. 이렇게 할 때 참석자들은 자신의 감정, 걱정, 무거운 짐을 시각적으로 정리할

수 있게 된다. 이는 지금 눈앞에 있는 상황을 향해 그들의 생각과 마음을 열 수 있는 기회도 된다. 차분한 분위기, 하나님께 순종하는 분위기는 소그룹의 비전, 결단, 상호 돌봄과 존중을 다루는 방식을 변화시켜 줄 것이다.

집에서 가족과 함께 색칠 기도를 해 보자. 당신은 이미 가족 기도 시간을 가져보았을 것이다. 테이블에 둘러앉아 색칠 기도를 해 보라. 적어도 한 명은 하나님과 '이야기하는' 사건이 일어날 거고, 색칠 기도를 마치고 나면 아이들과 나눌 이야깃거리도 많아질 것이다.

이웃들과 색칠 기도 수업을 해 보라. 다양한 사람들을 초대하기 위해 이것을 비주얼 명상이나 두들링 명상이라고 이름 붙여도 좋다. 그리스도인, 비그리스도인, 불가지론자 모두 테이블만 있으면 함께할 수 있다. 당신의 동네 또는 도시의 지역 문제와 거기 사는 사람들에게 초점을 맞춘다. 조용하게 서로를 지지하며 한 공동체로서 함께 시간을 보내는 일은, 신앙 전통에 있는 사람이든 아니든, 연합과 존중을 향한 강력한 한 걸음이 될 것이다.

색마카, 색연필, 그 밖에 미술 도구가 불편한 사람들이 있다면 '블랙 앤 화이트 기도' 활동을 해 볼 수 있다. 참여자들에게 검정 펜 또는 연필을 제공한다.

색칠 기도는 여러 다양한 상황에서 적합하게 활용할 수 있다. 감옥, 병원, 교회, 학교, 신학교, 휴양 시설, 크루즈선에서 수업한 예들이 있다.

색칠 기도 수업이나
워크숍 인도하기

《두들링 기도》를 쓴 뒤 예상치 못한 워크숍과 수련회에 참여할 기회들이 있었다. 2007년부터 나는 미국과 캐나다에서 거의 150회 가까이 모임을 인도했다. 파리에서도 진행했다. 이 워크숍과 수련회들을 통해 나는 하나님을 사랑하면서도 기도에 어려움을 겪는 사람들을 수없이 많이 만났다. 기도만 하려면 이런저런 생각이 떠오르고, 적절한 말도 생각나지 않고, 몸이 들썩거린다는 사람들….

그러나 그들의 존재는 내게 이러한 고투와 우리 모두 하나님이 필요한 존재임을 함께 나누는 일이 바로 기도임을 가르쳐 주었다. 말로 하든 그렇지 않든, 두들링으로 하든 그렇지 않든 말이다. 사람들이 모여 그들의 부족함과 하나님과 가까워지려는 어설픈 노력들을 서로 나눌 때 공동체와 기도는 생겨난다. 우리의 약함을 함께 모으는 일은 강함을 모으는 일만큼 변화의 힘이 있다.

함께 기도하는 일은 중립적이고 안전한 영적 구역이 될 수 있다. 색칠 기도 워크숍에 오는 사람들은 대부분 어떤 교리나 예배 양식에 대해 논쟁하는 데는 관심이 없다. 그들에게 강한 의견과 믿음이 있다 해도 그렇다. 그들은 기도 생활을 더 잘하기 위한 다른 방식들에 관심이 있다. 우리 자신을 넘어 하나님/신을 향해 가 닿고 싶은 허기는 보편적인 것 같다. 나는 다양한 전통의 사람들과 함께 기도를 해 왔다. 함께 기도하는 것은, 적어도 일시적으로라도, 종교적 분열과 특정성의 경계를 허문다. 이것은 종교적 차이, 예배 관습, 특정 믿음의 걸림돌을 뛰어넘는다.

함께 모일 때, 나는 중보 기도 형식의 색칠 기도를 지도한다. 그룹원들은 모두 대여섯 명의 같은 사람들을 위해 기도한다. 그룹에서 나온 이름들이 크게 불리면 각 사람을 위해 한 번에 한 사람씩 기도한다. 기도 시간이 끝날 때 한 여성이 말했다. "제가 기도해 주고 있는 사람들이 누구인지 전혀 몰랐지만, 기도하는 동안 저는 그들을 사랑하였습니다."

당신도 그룹을 대상으로 색칠 기도 워크숍이나 수업을 얼마든지 지도할 수 있다. 나의 색칠 기도 웹사이트 *prayingincolor.com*에 있는 자료실 *prayingincolor.com/handouts*에 가면 "색칠 기도 워크숍 지도하기" 섹션이 있다. 거기에 "색칠 기도 수업 지도 아이디어"라는 문서가 있는데, 이에 따라 자료를 출력하여 참가자들에게 나누어 주라. 다만 출처는 꼭 표시해 주시기 바란다.

사람들은 내가 워크숍을 인도할 때 음악을 사용하는지 묻는다. 몇 가지 이유에서 나는 음악을 틀지 않는다. 음악은 내가 좋아하는 주의 분산 요소다. 나는 음악을 아주 좋아한다. 음악은 나를 꾀어 일어나 춤추게 하거나 가사를 따라 부르게 할 것이다. 워크숍에 참여하는 사람들은 음악이 없는 고요한 분위기에 자주 놀라고 그것을 즐긴다. 이것은 정신없이 바쁘게 살아가는 많은 이들에겐 익숙하지 않은 경험이다. 한번은 워크숍을 마친 후 다양한 세대로 구성된 120여 명의 참가자들에게 배경음악을 원하는지 물어봤다. 겨우 세 분만 "그렇다"고 답했다. 다른 워크숍 때 한 사람이 내게 말했다. "저는 종이 위 마카의 움직임과 마카 뚜껑을 딸깍거리는 걸 기도 소리로 여기기 시작했습니다."

Part 7
기도 보내기와 나누기

나는 내 색칠 기도를 다른 이들에게 보내야겠다는 생각을 해 본 적이 없었다. 그런데 10년 전쯤 내게 보내 달라고 부탁한 분이 있었다. 지금은 그렇게 하는 것이 기도를 청한 사람들에 대한 분명한 후속 조치가 아닐까 생각한다. 당신이 드린 두들링 기도를 보내 준다면 그걸 받은 사람은 당신이 그들을 위해 정말로 기도하고 있음을 알 수 있다. 기도 그림은 하나님이 그들과 함께하시고 당신이 그들을 위해 마음을 쓰고 있음을 시각적으로 상기시켜 줄 것이다.

내 친구 코니와 목회자로 사역하는 그녀의 남편 존은 두들링으로 만든 축복 기도, 격려 기도를 목회자 부부와 가족들에게 보낸다. 이 시각적 기도 사역은 교구 사역이라는 때때로 외로운 참호 속에 있는 이들을 향한 사랑과 관심을 보여 주는 행위가 될 수 있다.

나는 생일 기도와 결혼 기도를 즐겨 보낸다. 축복 기도 양식(17장을 보라)을 사용하며 성경 말씀을 넣는다. 때로 나는 두들링으로 그들을 위한 무언의 기도를 한다. 조의를 표해야 하는데 무슨 말을 해야 할지 모를 때 특히 도움이 된다.

색칠 기도를 보낼 때는 출력하여 우편으로 보내도 되고 스캔을 해서 이메일이

나 문자 메시지로 보내도 된다. 인스타그램, 페이스북, 핀터레스트, 트위터, 기타의 앱들은 기도를 공유하고 다른 이들을 당신의 기도에 동참하도록 하는 좋은 방편이다.

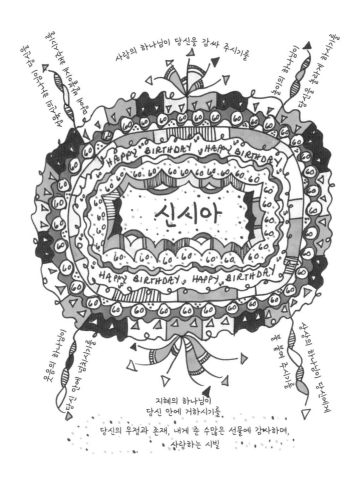

　　색칠 기도를 보낼 때 내가 좀 주의하는 점이 있다. 때로는 나의 마음과 머릿속에 있는 중보 기도가 내 개인적인 영역에만 있어야 할 경우가 있다. 나는 내 친구나 아이들에게 기도가 필요하다고 생각하는데, 정작 그들은 스스로 잘 지내고 있다고 생각할지도 모른다. (그리고 그들이 맞을 수도 있다.) 내가 그들을 걱정하고 청하지 않은 기도를 한다고 생각하면, 그들은 침해와 간섭으로 느낄 수 있다. 하나님이 도우사 나는 내 일에 신경을 쓰고 다른 사람들의 삶에는 하나님께서 역사하시기를 청하는 일도 내 기도 여정 중 일부다.

Part 8
색칠 기도, 효과가 있을까?

최근 어떤 이가 내게 물었다. (약간의 장난기와 회의론적인 비꼼을 섞어서) "당신이 하는 그 기도 방식은 **효과가 있습니까?**" 지금껏 그런 질문을 대놓고 한 사람은 없었기에 나는 깜짝 놀랐다. 이게 무슨 말인가? "만약 제 기도 명단에 있는 모든 사람이 치유받고, 부부간에 화해하고, 중독을 치료하고, 아이들이 고분고분해지는 걸 의미하신다면, 제 대답은 '아니요'입니다. 제 기도 방법은 효과가 없어요. 그러나 하루에 20분을 내서, 내가 평소보다 덜 멍청해지는 것이라면, 거기엔 효과가 있다고 해야겠지요."

그 질문은 계속 나를 괴롭혔다. 어떤 종류의 기도 실천이 '효과가 있다'는 건 무슨 의미일까? 그 가능성에 대해 나는 목록을 만들어 갔다.

내가 동의하지 않을 때라도 다른 사람의 말을 존중할 수 있다면,

다른 이들에게 인정받으려는 욕구를 내려놓을 수 있다면. 핵심 그룹에 속하고 싶고 사람들의 흠모와 존경을 받고 싶은 욕구를 내려놓을 수 있다면,

새로운 것들을 볼 때 내 첫 반응이 판단이 아니라 호기심일 수 있다면,

나 자신과 타인들에 대해 좀 더 편안해질 수 있다면,

덜 두려워할 수 있다면,

정의와 평화를 위해 행동한다면,

더 사랑한다면,

노약자들에게 연민과 존경을 더 보일 수 있다면,

타인들을 고치려는 욕구가 점점 작아진다면,

입을 더 많이 닫는다면,

미안하다고 기꺼이 말할 수 있다면,

더 많이 감사한다면,

 영적 실패자처럼 덜 느낀다면,

 나 자신을 덜 미워한다면,

 하나님께 더 가까워짐을 느낀다면,

그렇다면 이 기도는 효과가 있는 것일 테다.

"할 수 있는 대로 기도하고, 할 수 없을 때는 하지 마라"라는 해방의 말은 19세기 가톨릭 사제이자 신학자인 돔 존 채프먼^{Dom John Chapman}이 한 말이다. 나에게 색칠 기도는 의자에 앉아, 고요히 머물며, 들을 수 있는 시작의 자리였다. 다양한 기도 방법을 가르쳐 주고 그 길에 서서 나를 응원해 준 모든 이들에게 감사드린다. 그들은 사람들이 하나님께 손을 뻗는 방법이 많다는 것을 볼 수 있게 했고, 나를 자유롭게 해 주었다.

색칠 기도가 당신을 위한 기도 방법이 될 수도 있고 아닐 수도 있다. 다만 이 방식이 당신에게 겨자씨만 한 영감이라도 주어 새로운 기도 경로를 탐험하게 해 줄 수 있기를 소망한다.

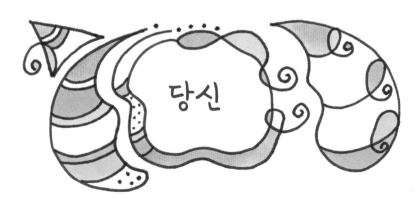

1   *Al-Anon's Twelve Steps & Twelve Traditions*, Step 2 (New York: Al-Anon Family Group Head-quarters, Inc., 1994), 3.

2   Cynthia Winton-Henry with Phil Porter, *What the Body Wants* (Kelowna, BC, Canada: North-stone Publishing, 2004), 21.

3   '구조 조정^{Right size}'은 *Twelve Steps and Twelve Traditions* (New York: Alcoholics Anonymous World Services, 2004), 30에 나오는 표현이다.

4   Mary Baker Eddy, *A Prayer for the Little Children* (Miscellaneous Writings 1883-1896), 400.

5   John Greenleaf Whittier의 찬송가 "Dear Lord and Father of Mankind"(1872)의 가사.

6   Thomas Merton, *Seeds of Contemplation* (New York: New Directions, 1986), 140. (《명상의 씨》 가톨릭출판사)

7   '산만함을 위한 주차 공간'은 내 친구 Kathy Carmean이 이름 붙인 말이다.

8   이 그림에 쓴 스텐실은 Pebbles Stencils사에서 나온 두 세트로 된 Accents and Flowers 제품이다. www.pebblesinc.com

9   Sybil MacBeth, *Pray and Color* (Brewster, MA: Paraclete Press, 2016).

10 '젠탱글'은 Zentangle, Inc.의 등록 상표다. 다음 사이트를 참조하라. zentangle.com

11 Anne Lamott, *Help, Thanks, Wow: The Three Essential Prayers* (New York: Riverhead/Penguin, 2012). (《가벼운 삶의 기쁨》 나무의철학)

12 '불만족^{disgruntled}'과 '만족^{gruntled}'의 어원에 대해서는 다음 사이트를 참조하라. https://www.merriam-webster.com/dictionary/gruntled

13 Ann Voskamp, *Selections from One Thousand Gifts: Finding Joy in What Really Matters* (Grand Rapids, MI: Zondervan, 2012). (《천 개의 선물》 열림원)

14 Voskamp, *Selections from One Thousand Gifts*, 31.

15 Thomas Merton, *The Hidden Ground of Love* (New York: Farrar, Strauss & Giroux, 1985), 141.

16 *Al-Anon's Twelve Steps & Twelve Traditions* (New York: Al-Anon Family Group Headquarters, Inc.,

1994), 3.

17   *Al-Anon's Twelve Steps & Twelve Traditions*, 3

18   *Al-Anon's Twelve Steps & Twelve Traditions*, 3.

19   Parker J. Palmer, *The Courage to Teach* (San Francisco: Jossey-Bass, 1998), 118. (《가르칠 수 있는 용기》한문화)

20   '마인드맵mind-mapping'이라는 용어는 영국의 심리학자이며 컨설턴트인 Tony Buzan이 창안한 것으로 알려져 있다. '브레인스토밍'은 몇 세기 전부터 쓰여 온 개념이다. 나는 이 방법을 즐겨 이용해 내 생각, 감정, 아이디어, 정보 등을 모으고 분석한다.

21   해먹에 대한 멋진 이미지를 알려 준 친구 Sharon Pavelda에게 감사한다.

22   Tony Jones, *Read, Think, Pray, Live* (Colorado Springs: NavPress, 2003), 126.

23   Lisa Nichols Hickman, *Writing in the Margins: Connecting with God on the Pages of Your Bible* (Nashville: Abingdon Press, 2013).

24   www.adventword.org

25   *2017 Lenten Meditations* (Merrifield, VA: Episcopal Relief & Development and Cincinnati: Forward Movement, 2017).

감사의 말

이 책의 일부 내용과 이미지들은 이미 출판된 나의 다른 저서들에도 포함되어 있다. 《두들링 기도》(초판), 《흑백으로 기도하기: 남성들을 위한 연습*Praying in Black and White: A Hands on Practice for Men*》, 《(휴대용) 두들링 기도》, 《기도와 컬러링*Pray and Color*》 등이다. 모두 파라클리트 출판사에서 출판했다.

2004년, 그 당시 새로 알게 된 친구 필리스 티클*Phyllis Tickle*(1934-2015)에게 내 기도 모음을 보여 주었다. 필리스는 〈퍼블리셔스 위클리〉의 종교 분야 초대 편집자로 책도 수십 권 집필한 작가였다. 그녀가 내게 말했다. "이걸 가지고 책을 쓰셔야겠는데 요." 그 말은 초대이자 지령이었다. 나는 《두들링 기도》 집필에 착수했고 2007년에 초판이 나왔다. 그녀의 예지력과 격려, 우정에 늘 감사하고 있다.

광범위한 인적 네트워크는 내가 글쓰기와 두들링을 해 오는 동안 용기와 지원을 아끼지 않았다. 그분들께 감사드린다.

—이번 판에 자신의 기도를 소개할 수 있도록 공유해 준 많은 분이 있다. 마거 릿 크래독(88쪽 왼쪽), 코니 데닝거(77쪽 상단, 145, 167, 168쪽), 리사 디센자(82쪽), 셰리 멀먼(154, 155, 156쪽), 린 마이어(142쪽), 랜달 뮬린스(159쪽 오른쪽), 신디 오버마이어(153쪽), 셰런 파벨다(159쪽 왼쪽), 멜리사 주르 로이(77쪽 왼쪽 아래).

—《두들링 기도》 개정판에 열의로 임해 주신 파라클리트 출판사 직원들께 감사한다. 내 책 편집자 존 스위니, 그리고 함께한 밥 에드먼슨과 제작팀, 파라 클리트 출판사 제작 및 디자인팀께 감사한다.

—배우자 앤디는 내 원고와 블로그에 올린 글들을 밤낮으로 읽고 또 읽어 주었다. 내가 전국을 다니며《두들링 기도》워크숍과 수련회에 참석할 때 수많은 주말을 혼자서 잘 지내 주었다. 이 책을 쓰는 동안, 거품 올린 커피와 레몬 띄운 아이스티를 틈틈이 갖다 주었다. 또 식사 준비를 도맡아 했다.

—로렌 위너는《두들링 기도》를 활용하여 개인 기도 생활을 하고 일과 사역에서 이 기도법을 실천하면서 내 작업을 늘 지지해 준다. 이번 책에 서문을 써 준 것을 영광스럽게 생각한다.

—10년이 넘는 시간 동안 나를 환대해 주고 열린 마음으로 대해 주신 여러 교회와 기관들에 감사한다.

—코니 데닝거는 처음부터 내 작업에 힘이 되어 주었고, 여러 형태로 된 시각적 기도를 열정적으로 알리고 다닌다. 그녀는 그리스도의 사랑하는 증인이자 제자로서 내게 본이 되며 영감을 준다.

—수전 피터슨은 ED라는 필명으로 내 원고를 읽었고 현명하고 재미있는 편집 의견과 제안을 보내 주었다.

—내가 글을 쓰도록 늘 격려하며 진실을 말해 주는 (으악-) 멤피스의 친구들 네트워크가 있다. 수잔 헨리, 섀런 파벨다, 엘렌 프리위트, 빈튼 작가 모임, 샐리 마켈, 수전 피터슨.

—언제나 내게 영적 지원 시스템이 되어 주는 이들이 있다. 클레어 풀, 페이지 지롬스키, 메리베스 하이튼, 린 헌터, 메리 헌트가 그렇다.

—시애틀의 린과 짐 콜만 부부는 조용히 글을 쓸 수 있도록 한 달 동안 집을 내주었다. 그 집 베란다에서 보이는 퓨젯사운드의 경치는 매일매일의 글쓰기에 빛이 되어 주었다.

—샐리 마켈은, 만성 초심자와 날마다 초보자가 되는 것이 우리가 하는 일을 더 잘하게 되는 법임을 가르쳐 주었다.

—신디 오버마이어는, 수십 년 전 내게 검정 펜과 색마카를 건네주며 두들링을 하도록 격려해 주었다. 여전히 우리는 기도 및 두들링에 관한 아이디어를 나눈다. 그녀는 모스틀리 마커스Mostly Markers라는 블로그를 운영한다.
—하나님께 감사를! 예상치 못한 여정으로 나를 인도하셔서 놀랍고 멋진 사람들을 만나게 해 주셨다.

감사의 글

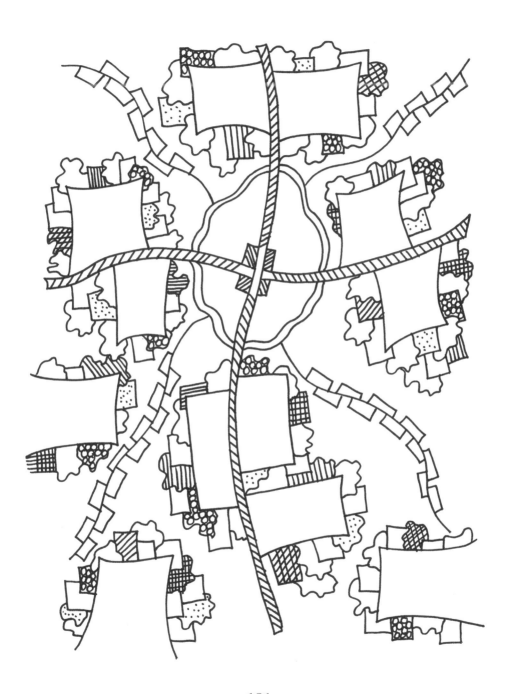

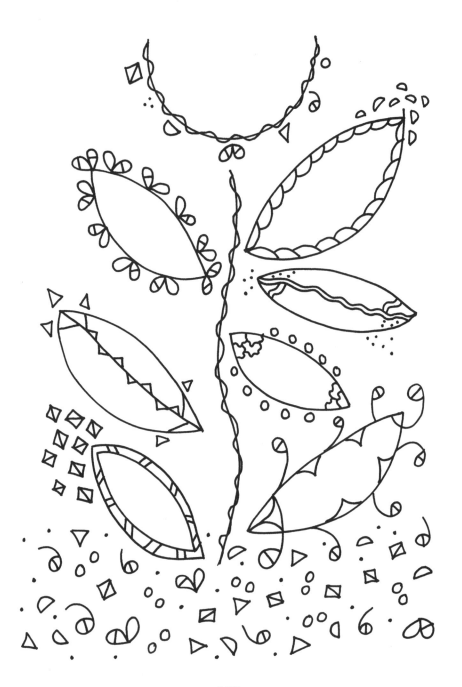

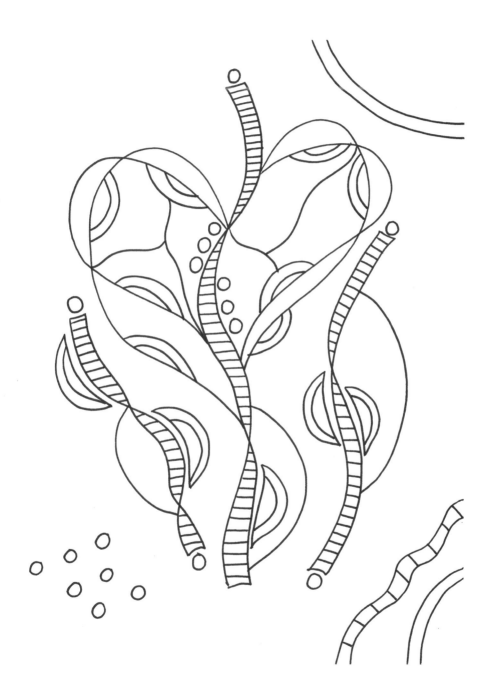

두들링 기도
색깔로 기도하기

시빌 맥베스 지음 | 임혜진 옮김

2021년 7월 29일 초판 1쇄 발행

펴낸이 김도완
등록번호 제2021-000048호
　　　　　(2017년 2월 1일)
전화 02-929-1732
전자우편 viator@homoviator.co.kr

펴낸곳 비아토르
주소 서울시 종로구 삼일대로 428, 500-26호
　　　(우편번호 03140)
팩스 02-928-4229

편집 이현주
제작 제이오
제본 비춤바인텍

디자인 임현주
인쇄 (주)민언프린텍

ISBN 979-11-91851-00-7 03230